Para Maricela, Paula, Daniela, Santiago, Natalia y Mariana. Sus aportaciones, revisiones y consejos hicieron la diferencia. Este trabajo también les pertenece. Gracias...

Sergio

Copyright © 2021 Sergio Enrique Bourges Rodriguez

Todos los derechos reservados.

Esta prohibida la reproducción parcial o total del material presentado en esta obra sin el permiso expresado por escrito del autor.

ISBN: 9798514208777

Diseño de portada: Paula Bourges
Impreso en Estados Unidos

CONTENTS

Copyright	
Dedication	
Prólogo	1
PARA QUÉ HABLAR DE LA BUROCRACIA	5
CÓMO SABER SI ERES BURÓCRATA EN DIEZ PASOS	9
DONDE TUVISTE EL PRIMER CONTACTO CON LA BUROCRACIA	11
BURÓCRATA RENEGADO	16
"A LA TIERRA QUE FUERES HAZ LO QUE VIERES"	20
FRASES INÉDITAS DE LA BUROCRACIA	24
SI HACEN COMO QUE ME PAGAN, HAGO COMO QUE TRABAJO	26
BUROCRACIA, ARISTOCRACIA, "NANOCRACIA —E— INEPTOCRACIA"	31
¿VAS A SER PARTE DEL PROBLEMA O PARTE DE LA SOLUCIÓN?	38
DIEZ MANERAS DE EVADIR RESPONSABILIDAD EN LA BUROCRACIA	43
EL LENGUAJE FLORIDO DE LA BUROCRACIA	45
ACOSO LABORAL	52
ASÍ VAMOS A SECAR EL CHARCO, ALGÚN DÍA	60
BURÓCRATA RECOMENDADO	65

EN AQUELLAS ÉPOCAS REMOTAS…RELATO ATEMPORAL	68
EL EFECTO (del) DOMINÓ	78
EL EFECTO MARIPOSA…EN LA BUROCRACIA	88
ENTRE TACOS, TORTAS Y TAMALES	97
GUÍA RÁPIDA PARA HACER TRÁMITES BUROCRÁTICOS	107
ESTE ERA UN ASUNTO IMPORTANTE	110
HAY DE COLAS A COLAS…	114
EL BURÓCRATA PREPOTENTE	122
MODERNIZACIÓN A LA MEXICANA	140
VOLVER AL FUTURO… PERO SIN BUROCRACIA	151
LAS FÁBULAS DE LOS RATONES Y EL CONTROL	160
SI ALGO URGE, DEMUÉSTRALES CLARAMENTE QUE ESTÁN EQUIVOCADOS	169
NOCHE DE FUTBOL (UNAM - AMERICA, GRAN FINAL)	176
SOBRE EL SENTIDO DE URGENCIA	180
JAMÁS LLEGUES TARDE A LA HORA DE LA SALIDA…	183
LA PUNTUALIDAD, ¿EXISTE EN LA BUROCRACIA?	190
LOS PAPELES DE DON ALFREDO	197
SI QUIERES QUE ALGO NO FUNCIONE, CREA UN COMITÉ O HAZ UNA CONSULTA POPULAR	202
¿TIENES TU COPIA ROSA, DEBIDAMENTE SELLADA Y FIRMADA?	207
NAVIDAD, NAVIDAD, UY LA NAVIDAD. LA FIESTA DE FIN DE AÑO	211
COROLARIO	215

PRÓLOGO

Me sugerían poner mi perfil aquí, pero la verdad fotografío mejor de frente que de perfil, pero, en fin.

Sólo puedo decirte que me harté ya de tanta burocracia, de cómo crecen y crecen los trámites para todo, de la improvisación por todas partes; basta ver el desorden que tienen en la vialidad de la CDMX y las horas y horas que perdemos en el tráfico por la estupidez de los ejecutores de obras y de las autoridades de tránsito.

Ya basta de los perjuicios que tenemos los ciudadanos al vernos "favorecidos" por el interés de los burócratas en servirnos, véase por ejemplo lo fácil y expedito que resulta cualquier trámite en el registro público de la propiedad, en las tesorerías de la CDMX, en la SEDUVI, varios meses de espera para un registro o un trámite es de lo más normal y a nadie afecta. ¿O sí?

Los servicios públicos empiezan a estar en crisis por problemas de presupuesto, los servidores públicos son hoy más burócratas que antes, en algunas dependencias si los burócratas necesitan computadora para trabajar, la tendrán que pagar.

La legalidad y la justicia tendrán que convivir con una consulta millonaria o una pose política electoral si no se hace independiente y si se hace, se tendrá que ver primero quienes son actores políticos.

¿Se deberán incluir a todos los servidores públicos que según la definición que haga algún ser que no está previsto sobre si estos burócratas de postín actúan políticamente y también si se sospecha que con sus decisiones pudieron afectar a alguien?

¿Incluidos los de la actual administración por los años pasados?

Difícilmente podrán explicar el o los afectados cuál fue el daño por cada decisión mal tomada, analizando las sabias palabras de la corte para aterrizar en algún reglamento válido que despeje todas las incógnitas de la pregunta autorizada...

Volviendo a la cruda realidad, las empresas privadas también colaboran, qué tal hacer cola en el banco, parado o sentado da igual, o aclarar un movimiento incorrecto en cualquier servicio y ¿te has enfermado últimamente?, si no, te has perdido de las largas y "productivas" esperas para ser atendido.

Los hospitales están atendiendo a enfermos COVID, quienes también sufren la burocracia y las carencias que ha provocado la pandemia. Esta sigue su curso con la desesperación de todo mundo.

La economía de mal en peor, la delincuencia desatada, la guardia nacional que ni picha ni cacha, ni deja batear, enfocados todos en el gobierno en el pasado, descuidando el presente en rubros tan importantes como los mencionados, más la propia corrupción rampante que sigue existiendo.

No quiero ser pesimista, pero en verdad, en materia de servicios públicos, en la atención al ciudadano, en la actuación de los servidores públicos en general, lejos de avanzar incluso hemos retrocedido en los últimos 15 años.

Y no me atrevo a mencionar la seguridad, no vaya a ser que corra un riesgo innecesario, dada la inseguridad existente.

Pero supuestamente vamos requetebién.

A lo largo de las páginas de este libro, encontrarán relatos y reflexiones de cómo actúa la burocracia.

En algunas anécdotas se describen situaciones reales, en otras críticas sobre algunos fenómenos que se presentan en las organizaciones, en otros relatos, quizá de forma exagerada, pero de buen humor, trato de tomar las situaciones por las que pasa cualquier burócrata bien intencionado.

Espero que encuentren en este libro una agradable lectura, que les sirva para reflexionar un poco sobre este tema. Me atreveré en algunos de ellos a tratar seriamente la problemática existente, sus implicaciones y sus repercusiones.

Intento merecer el entusiasmo de los lectores, comentaristas y amigos que seguramente surgirán en este espacio, provocar en todos ellos cierto autoanálisis y generar una posición comprensiva y positiva hacia el cambio de actitudes.

Creo que si somos conscientes del porqué se denigra a la burocracia, podríamos iniciar un cambio, corrigiendo actitudes, prácticas, frustración de nuestro capital humano, buscando mejorar y dignificar el trabajo burocrático que, finalmente, es imprescindible.

PARA QUÉ HABLAR DE LA BUROCRACIA

A mis casi 76 años, después de plantar cientos de árboles, de tener cinco hijos que van de los quince hasta los 51, pensé en completar la célebre trilogía del sentido de la vida y decidí intentar, a riesgo de los que se atrevan a leerme, abrir un espacio de intercambio sobre lo que, como verán, constituye para mí un factor común.

En sentido literal, los obstáculos artificiales que nos imponemos para complicarnos la existencia y para complicarla a los demás, la burocracia en su significado más amplio.

No es específico al poder de los empleados públicos, no está circunscrito a la teoría de Max Weber, sí es una interpretación de lo más simple sin excluir a las organizaciones privadas, que no dejan de ser burocráticas.

Las empresas desgraciadamente esconden su ineficiencia y su corrupción con una buena publicidad.

Y es que esto de inventar la burocracia resultó sublime, ya que, aunque todos renegamos de ella en la magnitud que nos afecta, en el fondo o cuando no nos afecta, la practicamos como profesionales entrenados.

El riesgo de emprender una tarea como ésta, comentar desde varios enfoques un fenómeno tan extendido y con tantas variantes, facetas, enfoques, visiones, logros y repercusiones es, efectivamente, no abordarlos todos o incurrir en visiones parciales que llegarían a sesgar las conclusiones a las que podríamos llegar.

Por eso son simples relatos, anécdotas y reflexiones sobre este fenómeno tan extendido en el mundo.

Consideren aquí dos cosas:
- Hacer un análisis de la burocracia llevaría a burocratizar las opiniones, los comentarios, las intervenciones espontáneas y desde luego el análisis se volvería como programa de gobierno.
- Por otra parte, sinceramente, perder la espontaneidad al intentar cualquier metodología burocrática para el análisis, tendría el efecto de emitir aseveraciones dogmáticas. O, si le hacen a esto de la burocracia, simplemente admitir la "normatividad formalmente establecida", "la normatividad vigente" o la "normatividad en la materia", términos y contenidos que, por cierto, nadie entiende bien a bien en ninguna sociedad civilizada y desde luego, burocratizada.

La falta o el exceso de precisión en las normas que regulan las actividades del ser humano como ente social, acarrea de forma natural principios de organización por definición burocráticos.

En el primer caso al existir una discrecionalidad puramente subjetiva de quienes deben conducir o ejecutar actividades que afectan a otros y en el segundo, porque se genera una rigidez absurda que hace complejos los procesos y pierde el fondo por la forma.

A propósito de las normas, se han preguntado alguna vez ¿qué pasaría si no existieran? Desde luego que llegaríamos al caos y a la anarquía absoluta, difícilmente podríamos vivir, surgiría nuestro ser animal y de todas formas se establecerían reglas de supervivencia, así fueran basadas en la imposición y dominio de los más poderosos física o económicamente.

En la sección de los recuerdos, iré evocando situaciones, anécdotas y eventos más o menos vagos, más o menos precisos, para narrarles los múltiples, variados y a veces frustrantes encuentros con las burocracias.

Trataré junto con ustedes de encontrar las formas prácticas de sobrevivir a estos encuentros, con el ánimo de aplicar antídotos eficaces al terrible veneno que van dejando en nuestros espíritus.

Muchas leyes no escritas, la esencia de las motivaciones y reacciones que nos llevan a ser burocráticos, en qué aspectos debemos poner atención, reconocer las realidades e interactuar más positivamente con los bien o mal llamados burócratas, aparecerán en los diversos relatos.

Muchas veces aparecen los extremos entre el burócrata y el antiburócrata, por no reconocer que ambos tienen generalmente características afines e, incluso, suelen generar efectos similares.

Alguien dijo que, si el hombre pudo llegar a la luna, esto fue gracias a una burocracia, refiriéndose a la organización de la NASA. No cabe duda que hoy, la enorme mayoría de las organizaciones en el mundo lo son, porque evidentemente tienen ventajas administrativas y económicas.

Por otra parte, si no existe un equilibrio dinámico entre propósitos, flexibilidad de la norma y control de los procesos, la propia administración va generando rigidez, burocracia, ineficiencia y, como consecuencia del no cambio oportuno, decadencia y muchas veces desaparición.

Así que deberemos buscar las sinergias positivas para combatir la entropía desde nuestras esferas de influencia o decisión en las organizaciones con quienes estamos involucrados; desde el hogar hasta la empresa o el gobierno, desde nuestra actitud como individuos hasta nuestro comportamiento social.

Espero, pues, que esta publicación se convierta en un "libro de cabecera", sobre todo si vas a salir a hacer algún trámite, creo que podrás ahorrar tiempo y orientar tus esfuerzos a buscar construir un mejor país, enfrentándote con valor a las huestes burocráticas.

Puedes leer el libro en secuencia o cada uno de los relatos como tú quieras, el chiste es que vayas a lo que llame tu atención.

CÓMO SABER SI ERES BURÓCRATA EN DIEZ PASOS

1. Si para hablar contigo tus hijos requieren cita previa, ya eres un caso perdido.
2. Si le pides a tu esposa un recibo oficial (con o sin RFC) cada vez que aportas algún gasto, de plano no te mides.
3. Si tu suegra te tiene que presentar su programa anual de visitas a tu casa, ya estás siendo rígido.
4. Si llevas un registro de lo que se cocina para controlar el consumo de gas, te va a dar gas…tritis.
5. Si llevas tus cuentas, anexando los comprobantes de gastos, incluyendo los boletos del camión y la compra de chicles (burocracia plena), pudiera ser que ahorres, pero nunca tendrás lo que quieres.

(Caso real: Yo tuve un jefe que nos mostraba orgulloso su libreta de control donde anotaba lo que se asignaba de gasto para la semana y diariamente todos los gastos que hacía, sin excepción, incluyendo boleadas, refrescos, cigarros, cerillos, boletos de camión y demás; y si le pagaba algo a su esposa o a sus hijos, se los cargaba en la cuenta de cada uno que también llevaba).

1. Si siempre combinas tu ropa usando el azul con el blanco o el negro con blanco o el gris con el blanco y no te atreves a probar el rosa con amarillo o el morado con el naranja, estás practicando una especie de "burocracia cromática".

2. Si en lugar de buzón, instalaste en tu casa una ventanilla de oficialía de partes y te mandaste a hacer un sello de recibido, sólo te falta el reloj checador para sentirte a gusto.
3. Si te sirven la comida en una charola del lado izquierdo y dejas los platos sucios en otra del lado derecho, aparte de burócrata, extrañas tu oficina.
4. Si haces con tu familia un "brainstorming" anti-rutinas, para decidir si comen al día siguiente sopa de coditos, de municiones, de corbata, de letras o de plano se avientan un espagueti, no estás optimizando tus funciones ni las de tu familia; incluye alguna variedad como el linguini y las sopas instantáneas.
5. Si contratas Internet por cable, le conectas el Nintendo y haces un "war room" familiar para planear el fin de semana viendo tele, te vuelves burócrata neoliberal.

Si no alcanzan los 10 pasos, podrán inventarse otros diez a su propio estilo. ya saben, "por sus actos los conoceréis". Se utiliza el entorno del hogar porque es ideal para medir la autenticidad de cualquier burócrata. (si es de corazón o sólo de habladas, pues).

DONDE TUVISTE EL PRIMER CONTACTO CON LA BUROCRACIA

Seguramente cuando nací, ya existía la burocracia, pero como no me percaté mayormente de ella, para mi exigua realidad no existía.

De hecho, en ese entonces, fui salvado de experimentar mi primer contacto con una burocracia, porque nací en la que después supe, era la casa de mis padres.

Ese procedimiento, nacer así nomás en casa y de la manera más natural era, entiendo, una buena opción, lo normal pues, aunque probablemente tenía más que ver con la posibilidad de tus padres de pagar un hospital.

Así nací, aspirando el aroma de las magnolias y llenándome de inmediato con el inmenso amor de mis padres y de mi familia.

Al eludir el primer tratamiento burocrático del que pude ser objeto, nacer en un hospital, mis primeros años transcurrieron sin experimentar el fenómeno, aprendiendo un mucho a hacer lo que se me daba la gana, bueno casi, porque hacía también lo que se les daba la gana a los demás, mis abuelos, mis padres, mis hermanos y mis tíos.

Aclaro que existía en casa cero burocracias, mi abuela era la que mandaba y punto.

Formalmente, la primera organización burocrática que enfrenté fue la escuela, el primer recuerdo de esa experiencia burocrática, ocurrió cuando me enteré de que uno no va al baño cuando tiene ganas, sino cuando se le antoja a la maestra que uno tiene ganas.

Mis pantalones, mi orgullo y la pena, resintieron esta regla que espero ya no exista en las escuelas.

Debemos considerar que uno necesariamente, al llegar a este primer encuentro social, lo hace con una buena apertura y una actitud positiva, porque llegas siendo el rey de tu casa.

Sin embargo, no te esperas encontrar a otros 20 o 25 reyes o reinas de sus respectivas casas, y si bien ese conflicto pudiera ser superado rápidamente en razón de las propias leyes naturales, la empatía y la identificación con los seres de nuestra propia especie, las reglas de la escuela y la intervención exagerada de tu maestra o maestro, te atan en tus reacciones normales.

Esto te provoca frustración, desencanto y muchas veces el mayor desgano, situaciones que, con el tiempo, de alguna forma asociamos con el concepto y con el comportamiento que implica estar rodeado de burocracia.

Ahí, en el kínder, aprendemos a realizar muchos trámites. Existe uno para hablar, otro para ir al baño, uno o varios más para jugar, para salir, para almorzar, para escuchar.

Cabe aclarar que algunos son razonables y expeditos, pero otros no tanto.

Como en todo, pudimos tener la fortuna o no, de que nos asignaran un buen jefe, pero ahí encontramos ya que independientemente de este líder formal, la organización de la escuela impone formas específicas en las que se ejerce la autoridad.

Lo mismo pasa en cualquier burocracia, donde prevalecen las normas "per se" y condicionan notablemente los estilos de liderazgo que pueden alcanzar el éxito.

De hecho, la capacidad de penetración en la organización de cualquier líder o autoridad formal jamás está en función de su capacidad ejecutiva respecto a la materia o responsabilidad que atiende.

Está de hecho en base a su habilidad política hacia la jerarquía superior, a quienes fija casi como ídolos y hacia quienes responde acomodando la realidad a la expectativa política o a los intereses de los grupos de poder.

Se aprende el arte de la genuflexión y llegan a veces a volverse lame suelas.

Así la filosofía preponderante es la que llamo Administración por Subjetivos, ya que difícilmente pueden establecerse objetivos organizacionales con misiones claras y visiones estructurales de largo plazo.

La burocracia responde a esta filosofía mediante otra consistente en lo que llamo "Importamadrismo Responsable", en donde vemos que los empleados siempre están en su escritorio, atados, igual y hasta llegan puntuales y se ve que trabajan, pero la realidad es que les vale una pura y dos con sal lo que hacen.

¿Esto motiva el trabajo creativo, eficiente y eficaz?

La respuesta es evidente, sin embargo, cabe analizar dónde se inicia el conflicto. En mi criterio las reglas reactivas internas de las burocracias son una defensa hacia los caprichos de la jerarquía.

Son un medio más o menos útil para defenderse de la arbitrariedad que surge del ejercicio de una autoridad que se justifica debido a la prepotencia otorgada por el pseudo-poder que emana del político en turno, de si las puede, de si es de la confianza del mero-mero, etc.

Existe una regla no escrita sobre las reglas que podría expresarse como: "Si una norma administrativa está fuera de contexto o no opera en la realidad, se obedece, pero no se cumple", de ahí se deriva otra muy nociva:

"Las reglas fueron hechas para ser violadas" y, desde luego podríamos encontrar otras derivaciones que desembocan en fenómenos más o menos perniciosos. He aquí algunas:

"Los asuntos delicados enviados para su atención al más alto nivel, son resueltos por el nivel más bajo de la estructura que verdaderamente tiene la práctica para saber qué hacer".

"Generalmente se salta una norma y eso siempre tiene un costo"

"La posible solución real a un problema es deformada por la aplicación de las normas".

"Una vez decidido un curso de acción específico, éste será criticado hasta que se reconsidere y así sucesivamente".

"Los hijos de los políticos generalmente heredan las malas mañas, sin alcanzar jamás los logros de los padres.

"Los hijos de esos políticos de ayer, convertidos en empresarios, son prohombres en la sociedad, sin importar el postulado anterior".

"La mejor manera de darle en la torre a un jefe, es obedecerlo".

"El burócrata siempre se protege transfiriendo la responsabilidad hacia arriba, hacia abajo, o hacia los lados".

BURÓCRATA RENEGADO

Hace unos 11 años estuve escribiendo un blog bajo el seudónimo de "burócrata renegado, cómo sobrevivir a la burocracia". A lo largo de varios meses escribí unos 30 artículos y otros se me quedaron en el tintero.

Hoy, después de hacer una revisión de ese material, encuentro que sigue siendo vigente, o sea, que la burocracia no sólo se ha mantenido, sino que se ha fortalecido y sofisticado.

Sin ir más lejos los nuevos burócratas que están tomando por asalto el gobierno antes siquiera de llegar ya están imponiendo sus primeras medidas burocráticas, incluso algunas francamente absurdas.

Y qué tal el otro desacierto que ya hoy está con características de ley relativo a que nadie puede ganar en el gobierno más que el presidente.

Jamás aclaran si con ese sueldo el señor pagará la renta de la casa que quiere rentar (Palacio Nacional debe tener uno de los precios más altos por metro cuadrado y es además mucho más lujoso que Los Pinos).

Y los servicios de limpieza, de mantenimiento, el pago de servicios de agua, luz, gas, la gasolina de los autos que usa, el sueldo de los choferes, guaruras privados y demás; si de ahí va a ir y pagar el super, el mercado, los restaurantes etc. etc.

Creo que no le va a alcanzar. Leí hace poco que se gastan como 16 millones mensuales nada más en eso

Y de ahí para abajo, veremos cómo se recrudecen las actitudes burocráticas, las prácticas desesperantes que durante años no sólo han identificado a la burocracia, sino también la han denigrado.

Mucha gente valiosa desertará porque no le alcanza y se quedarán los mediocres, sin cultura, "burócratas burócratas", hasta en los huesos.

Prevalecerá el "No hay, no hay".

Bueno, pues escribo ahora previendo lo que se nos viene encima, sobre todo por las situaciones tortuosas a que nos tendremos que enfrentar ante una burocracia que aparte de todos los vicios conocidos, ahora se fortalecerá con las llamadas capas "ejecutivas" que presumían de modernas y eficaces y que por los bajos sueldos nos recetarán su peor trabajo.

Ejecutivos sin su principal motivación que era su sueldo y sus prestaciones, buscarán negocios, aunque estén prohibidos y los más decentes se volverán burócratas redomados.

Con aquello de que "hacen como que me pagan, hago como que trabajo" llegarán los sábados a completar sus "horas nalga" enredando aún más los asuntos que deben resolver.

Material ya existe y de alguna forma verás que no están inventando el hilo negro, ni descubriendo el agua tibia.

Por lo pronto estoy incorporando mis reflexiones en relatos y anécdotas de poco más de 51 años de trabajo.

Ojalá y encuentre que el mundo ha cambiado para bien, que ya evolucionamos, que estamos avanzando y no retrocediendo, que de verdad los burócratas dejaron de serlo sin necesidad de hacer una consulta popular, porque finalmente si están en el gobierno es porque la gente, el pueblo, espera que le sirvan para desarrollarse.

Pero lo veo difícil.

Si me equivoco, si me demuestran que tienen razón lo aceptaré también.

Existen planteamientos generales que parecen excelentes, pero al instrumentarlos, veremos cómo poco a poco se deforman y terminan en otra cosa.

No sólo me refiero a que me digan que algo va a costar 10 pesos y termine costando 1000, también al efecto "bumerang" de medidas que no han sido bien planeadas.

A ver qué pasa...

"A LA TIERRA QUE FUERES HAZ LO QUE VIERES"

A veces, las cosas más simples suelen explicarnos situaciones o fenómenos complejos. La burocracia como sistema administrativo, como forma de organización, es un fenómeno ampliamente extendido a nivel mundial.

Encontramos burocracia en todas partes, en el gobierno, en las empresas, en las escuelas, en los hospitales, en nuestros hogares.

En un sentido coloquial y de uso común, burocracia a menudo equivale a ineficiencia, pereza y desperdicio.

Yo creo que cuando un joven ingresa a una organización, generalmente no es un burócrata declarado.

Ya trae los genes y el aprendizaje a fuerza, por haber interactuado con un montón de organizaciones burocráticas un montón de veces a lo largo de su vida.

Sin embargo, todavía se rebela y tiene, como todos los jóvenes, ideales y sueños relacionados con su rol en la evolución de su entorno económico y social.

Excluyo el entorno político, porque en ese ya se tiene que tener un cierto reconocimiento de qué tan burócrata puede ser uno.

En general, los políticos suelen ser además de burócratas, autócratas y su aprendizaje y práctica merece un análisis separado.

Pero bueno, al comenzar, el aprendiz de burócrata intenta ser eficaz y eficiente y se topa con las actitudes más nefastas, en un entorno que se vuelve hostil casi de inmediato.

Están por un lado los subordinados que suelen navegar con diversas banderas, menos la acostumbrada en estos casos. Ellos te dirán que eres un genio, te darán la hora que tú quieras y siempre "entenderán" tus órdenes.

Pueden ser altamente oportunistas, sumamente críticos respecto a su anterior jefe, evasores profesionales de responsabilidad, pero conocen el teje y maneje de las cosas que han hecho por años, lo que les da cierto poder sobre el jefe.

Hay quien asegura que, si de verdad le quieres dar en la torre a tu jefe, tan sólo tienes que obedecerlo, pues tarde o temprano se va a equivocar y tendrá toda la responsabilidad.

Por el otro, están los jefes que también navegan a su propio estilo, que acaban de descubrir el hilo negro, o bien que se sienten paridos por la virgen, que ya analizaron los problemas de esa organización y tienen en sus manos "la solución".

Curiosamente estas soluciones suelen aumentar los costos y o los gastos, sobre todo las que involucran reingenierías, nuevos sistemas y la automatización de los procesos que elevan el interés por comprar "soluciones novedosas", "tecnología de punta", "asistencia de especialistas o expertos" (los extranjeros siempre son mejores que los de acá).

Y todo para que en el siguiente cambio de directivos se "descubra" que todo eso hay que tirarlo a la basura e inventar algo "mucho mejor", buscando desde luego a los culpables que crearon una solución tan deficiente y que "seguramente" tenían otros intereses.

Finalmente está la cultura burocrática que claramente te deja ver y sentir que todo, absolutamente todo, se hace "como un favor".

Es esto de hoy por ti mañana por mí, es me la debes para cuando lo necesite, es el mira "sólo por tratarse de ti", es en síntesis un no tengo por qué hacerlo, pero te voy a echar la mano, sólo porque eres tú.

APF es entonces "Administración por Favor" y aplica para la APF (Administración Pública Federal) y para la AP (Administración Privada).

¿Cuánto tiempo puede aguantar un joven (mujer u hombre) antes de contaminarse con todo esto; antes de salir sistemáticamente por su café de Starbucks, perdiendo bastante tiempo, ¿porque el café de la oficina es muy malo o simple?

Agreguemos un ingrediente más: la interpretación de las normas, asunto que se vuelve harto complejo por cómo están redactadas y por el enjambre de contradicciones en que suelen caer en su conjunto, al grado que se vuelve muy sencillo meter la pata en su aplicación, lo que implica un riesgo muy alto para cualquier persona, más para los "novatos", menos para los burócratas de abolengo.

Hasta aquí por ahora, pero después regresaremos a ver estos temas con mayor profundidad...

FRASES INÉDITAS DE LA BUROCRACIA

"Nunca dejes para mañana lo que puedes hacer pasado mañana. Para pasado mañana, como quiera la libras".

El burócrata en lunes: "Caray, es lunes, voy llegando a las 12:00, de plano ya se me fue la semana y no hice nada".

Si hacen como que me pagan, hago como que trabajo.

Si son unas bolsas para qué les pago.

Si algo urge, demuéstrales fehacientemente que están equivocados.

Si no es urgente, espérate hasta que lo sea.

El trabajo super urgente de hoy pasa un promedio de dos semanas en el escritorio del jefe.

Si normalmente llegas antes que el jefe, prepara a conciencia las disculpas del día.

Jamás llegues tarde a la hora de la salida.

Si alguna instrucción resultó demasiado clara, enrédala antes de proceder a cumplirla.

Jamás arriesgues tu opinión, te vuelves peligroso.

Si hay junta con el jefe deja que los demás hablen, ya después los harás trizas.

La mejor forma de darle en la torre a tu jefe es. obedecerlo.

Si te preguntan la hora, dales la que ellos quieran.

El mérito se mide por las horas-nalga realmente cumplidas, las paradas al baño no cuentan.

Si se trata de que lloren, más vale en sus casas que en la tuya, así que no te tientes el corazón para grillar.

SI HACEN COMO QUE ME PAGAN, HAGO COMO QUE TRABAJO

Principio fundamental de la burocracia, que deviene de la Ley del Talión y es casi tan antiguo como esta ley.

Ahora bien, no sabemos si fue el burócrata el que inició o cualquiera de las contrapartes directivas que probablemente pensaron: "Si son unos flojos para que les pago". ¡Qué fue primero, el huevo o la gallina!, difícil determinarlo.

Pero no olvidemos que hasta hace muy poco en la escala del tiempo, la humanidad conoció horarios de trabajo tan cortos como los actuales.

Bueno, aquí existen jefes que todavía creen que trabajar medio día es de 9 am a 9 pm y siguen el método de la esponja para delegar.

Este método consiste en pasar trabajo con indicaciones confusas y el trabajador, que es la esponja, absorbe y absorbe, hasta que se rebasa; entonces se para un poco, se gritonea que qué está pasando, que, si tiene la confianza depositada en ellos, que no lo ayudan, etc. etc.

Pero en cuanto logran sacar un poco de la chamba, secar la esponja, se repite el proceso.

En fin, para llevar bien este principio se requieren habilidades específicas pues, evidentemente la alta burocracia, bien pagada, intenta por múltiples medios, programas, sistemas, mecanismos, estilos de liderazgo, reingenierías, administración del cambio y cualquier herramienta que surja como moda en las escuelas de negocios, incrementar la eficiencia y eficacia, asegurar un uso "óptimo" de los recursos y evitar desde luego, la corrupción.

Y comienza un juego perverso que afecta a la economía y en general a toda la sociedad. El burócrata que se hace el muerto tiene que aprender a permanecer sentado todo el tiempo, pues si no, dará lugar a sospechas.

Hacer lo que se conoce como horas-nalga es básico; no deben tomar muchos líquidos porque se crea una necesidad fisiológica indeseable para estos fines.

Siempre hay que decir que si (que si entendimos, que si sale mañana, que claro que es factible, que si es una idea brillante, etc.).

Proferir un no sólo debe hacerse cuando el jefe se refiera a otra persona, compañero o no y sirve para sacarse enemigos de encima.

Y vaya que todo esto afecta. A mí me duele mucho, por ejemplo, que hace poco en una evaluación educativa, el país terminó en último lugar y para mí esto no es más que un reflejo triste del papel que les asignamos a los maestros.

Finalmente resulta que hacemos como que les pagamos, ellos hacen como que les enseñan a nuestros hijos y nuestros hijos hacen como que aprenden.

Fíjense nada más, el sueldo de un profesor en países desarrollados es de unos 60 a 70 mil dólares anuales; en México de unos seis mil.

Sí, el 10 % y no es mordida, ¿qué esperábamos, estar a la cabeza en estas evaluaciones?

O será que como estamos acostumbrados a dar el 10% en todo, pues no vemos mal que les paguen el 10% de lo que fijan los estándares de los países desarrollados, con quienes nos encanta compararnos.

No quisiera en este momento involucrar en esto los sueldos de la alta burocracia, que también navega con la misma bandera y en el mismo barco, pero eso sí, en primera clase, faltaba más.

Si tenemos maestros burócratas, también tenemos líderes burócratas, directivos burócratas y padres burócratas y me refiero a los que jamás han visto una tarea de sus hijos, que no les apoyan explicando o buscando las respuestas en libros de consulta o en Internet, porque las enciclopedias en papel casi no existen, que enseñan a sus niños a buscar pretextos, al ¿y yo por qué? o al "se me chispoteó".

Es mejor recetarles como programa cultural excelso alguno parecido a aquél que existió tantos años de los domingos en la mañana, que era altamente educativo y formativo de los valores que buscamos como sociedad. ¿O no? Se aprendía por lo menos a catafixiar (¿estará bien dicho?)

La verdad es que hasta la ciencia y la cultura se han afectado y ha surgido también un nuevo tipo de burocracia: la forman los investigadores o incluso los científicos y por el lado cultural los pseudo creativos "nice".

Viven de los institutos, centros de investigación, consejos, comisiones y fideicomisos oficiales y realmente son muy pocos los que aportan algo. Caray, tantos años de apoyos múltiples, ya era como para tener más logros que los que exiguamente se han alcanzado. Quisiera, en serio, estar equivocado.

Privilegiar la investigación y el desarrollo cultural, implica también romper el círculo vicioso y desburocratizar los medios que requieren los investigadores para mejorar sus condiciones económicas.

¿O es que hacemos como que les pagamos y ellos hacen como que investigan y los nice como que crean algo?

Es imprescindible pagar por lo que hace el trabajador, el investigador, el analista, el funcionario menor e incluso el directivo y sí, claro, exigir calidad, eficacia y eficiencia. Calidad personal, diría yo.

Este cambio no se podrá instrumentar si no modificamos las creencias que hoy nos mantienen así.

Las más negativas son el creer que los cambios deben hacerse desde "arribotototo...ta", porque abajo no existe la capacidad; es también creer que los empleados se resisten al cambio y que este hay que impulsarlo con cuanto argumento se encuentre, para vencer la resistencia, o imponerlo como suele pasar.

Entonces si se genera resistencia y es la más nociva: burocráticamente se obedece, pero... no se cumple.

No olvidemos que el cambio y los líderes pueden surgir en cualquier parte y generalmente los burócratas investidos de autoridad no suelen ser buenos líderes, ni hacer buenos cambios.

BUROCRACIA, ARISTOCRACIA, "NANOCRACIA —E —INEPTOCRACIA"

La semana pasada platicaba con unos amigos de la era burocrática que estamos viviendo y mencionamos que Lawrence M. Miller, en su libro "De bárbaros a burócratas", editado en México por Grijalbo (1990) reconocía varios estadíos en el ciclo de vida de las empresas y en general diría yo que de las organizaciones públicas y privadas.

Después de que una organización se ha vuelto burocrática, tiende a hacerse aristocrática, estado que define Miller como la pérdida del poder de la Dirección cuando ésta ha dejado de tener legitimidad.

La legitimidad se pierde cuando deja de existir un equilibrio de poderes, un interés compatible y respeto entre los elementos constitutivos de la organización.

En esta era el liderazgo actúa por interés propio y contra los intereses de sus seguidores que, tarde o temprano, se revelarán.

Se presenta el "shock" interno que desintegra la cultura prevaleciente; la rigidez de la estructura y de la toma de decisiones, la excesiva regulación y la falta de creatividad suelen llevar al fracaso a la organización.

La historia reconoce miles de casos donde las organizaciones perecen por estar anquilosadas, por dedicarse a asuntos que no generan valor.

Despachos fastuosos, servicio de autos y choferes, aviones, helicópteros, reuniones sociales "de trabajo", creer que sólo el primer círculo "de confianza" es el que puede entender las estrategias de la organización, reestructurar y cambiar directivos con frecuencia, son reflejos de una era aristocrática.

Traigo todo esto a colación, por un artículo que apareció hace algunos años, que hablaba de la evolución de los "tecnócratas" en el gobierno desde los años ochenta en que así se les bautizó, para aterrizar finalmente en una nueva generación que el periodista Jenaro Villamil bautizó como "una nueva generación de funcionarios que se perfilan como la involución de la tecnocracia y de los gerentes: los nanócratas"

Villamil los define como "los estudiosos en el control y manipulación de las micropartículas de las áreas públicas, sin visión de Estado ni de elite ni de nación" …

"Los nanócratas en la política no ven la realidad sino como un nano (la mil millonésima parte de un metro) y prefieren venderse no como especialistas en algo sino como artesanos de la operación corta. Del poder del picaporte al picaporte con poder"...

El término (que supongo es inventado por este periodista) habla de una condición que parece ser sello de los tiempos actuales, no sólo en el gobierno, sino también en los grandes corporativos.

Después de leer este artículo y de vivir los últimos 15 años bajo el aparente imperio de estos nuevos funcionarios, me surgió una fuerte preocupación:

Imagínense los programas gubernamentales diseñados por nanócratas, dirigidos por aristócratas y ejecutados por burócratas.

A eso estamos llegando en la actualidad...

Antes, al principio, todos eran burócratas y había cierto entendimiento, con los "burócratas tecnócratas" comenzaron algunos problemas, con los "burócratas aristócratas" se perdió la comunicación y con esta nueva clase identificada por el periodista Villamil, los "burócratas nanócratas", incrementaremos los riesgos de inoperancia que, desgraciadamente, se manifiestan ya en varias dependencias y entidades de la administración pública.

El desplazamiento de la alta burocracia por los nuevos funcionarios de la "nanocracia" parece confirmar el dicho del periodista Villamil.

Las reacciones de la burocracia están por venir, aunque también empezamos a ver efectos como en toda la parafernalia que trata el fenómeno de la corrupción.

La Secretaría de la Función Pública ha sancionado a más de 80,000 funcionarios por actos de corrupción, según las notas periodísticas que ha publicado; desde hace años tiene identificados los trámites más riesgosos para los ciudadanos donde son víctimas de extorsiones.

Llevan años y años operando, pero bueno, siguen sosteniendo que millones de mexicanos están en peligro de ser víctimas de sobornos cuando acuden a por lo menos una decena de oficinas públicas en busca de ayuda o servicios.

¡Que están en peligro! o es una realidad cotidiana, por cierto, lacerante.

¡Qué revelación! verdaderamente impresiona, pues a la mejor todos pensábamos que no era así, que podíamos confiar en nuestras instituciones democráticas, que la mordida ya se había desterrado, que ya nos parecíamos más a los suecos que a los centroamericanos (excluyo a Costa Rica que ha evolucionado mucho más que México), en fin, que mal nos hizo darnos cuenta de esta realidad tan devastadora para nuestra moral.

Claro que se refieren sólo a algunos trámites y procesos, pero no se ve que hayan tomado en cuenta la corrupción de los grandes "negocios", de los concursos arreglados, de las concesiones.

Estamos hablando de corruptelas, de mordidas, pues.

Bueno, siendo positivos por algo se empieza, pero existen dependencias y entidades de la administración pública federal que, según la COFEMER, en 2017 tenían cerca de 4600 trámites y servicios federales, que si consideramos que hace 10 años eran poco más de 1700, vaya que no ha funcionado la mentada comisión de mejora regulatoria.

Más trámites = Más mordidas, pues no sólo los aumentan, sino que los complican, cuando debieran según el objetivo, simplificarlos.

Trata ahora de verificar tu automóvil con placas de Morelos, simplemente entre la CDMX y el Gobierno del Estado ya lo complicaron para que el trámite deje de servir para los fines que se creó.

Ya de Insurgentes, por ejemplo, confinaron otro carril para bicicletas, ahora entonces contaminas más pues en algunos tramos solo dejan un carril para autos y camiones. ¿Absurdo no?

Y conste que aquí no están los trámites que inventan los gobiernos estatales y municipales, ni tampoco la cantidad de situaciones en que el ciudadano tiene que dar "propina", que no es otra cosa que una mordida, pero "más decente" y aparentemente también permitida.

Incluimos meseros, cuidadores, viene viene, acomodadores, lavacoches, cilindreros, recolectores de basura, barrenderos, carteros y en general a todos aquellos que tienen que hacer sus buscas gracias a que quienes tienen que pagarles un sueldo decoroso los exprimen.

Entonces los ciudadanos tenemos que cubrir con estas propinas la exigua situación económica de los patrones que no pueden pagar decorosamente a sus empleados, como los restauranteros, por poner el caso.

Los cotos de la burocracia se han visto limitados a la vulgar mordida; ellos no son los que se hacen millonarios de la noche a la mañana; a duras penas sobreviven. Como que debiéramos buscar en otras partes y poner cotos a tanta ambición que corriendo junto al poder es finalmente la que nos pega a todos.

Así, entre la burocracia, la aristocracia y la "nanocracia", parece ser que lo que importa hoy día, son los "negocios" y los grandes negocios que se vislumbran en el porvenir de nuestro país, como que absorben la atención de todos estos grupos…

Hago aquí referencia a un artículo que leí por allá en el lejano 2018 de Gil Gamés, periodista de Milenio, titulado "El Peligro de la Ineptocracia", donde habla básicamente de las "medidas de austeridad republicana" del actual gobierno.

Resalta en un párrafo que le están diciendo a los trabajadores "ganarás menos, trabajarás más, no tendrás algunas prestaciones de las que antes gozabas; todo esto, si has tenido la suerte de conservar tu empleo".

Le pondrán el nombre que los dirigentes en la cámara de diputados consideren más adecuado y no por eso menos demagógico: "austeridad republicana, combate a la corrupción", pero se trata de un desprecio al trabajo, de una amenaza a los trabajadores y sus familias.

El mensaje es claro: hay ciudadanos "útiles" y ciudadanos "inútiles".

Considerando los sueldos que según este periodista prevalecerán, quitando prestaciones e impuestos, sinceramente pasaremos de la honrosa medianía de Juárez a la absurda pobreza de los cuadros directivos.

Si, como dicen estos nuevos funcionarios, ellos tendrán que cubrir totalmente su gasto familiar, ¿de qué manera podrán crecer?, pues de ninguna, sólo se incrementará la pobreza intelectual y el imperio de la burocracia evolucionará hacia lo que bautiza Gil Gamés como "Ineptocracia".

Y lo define como …" el sistema en el cual los burócratas ganan muy poco y además saben muy poco, resuelven muy poco".

Yo creo que se quedarán en el gobierno los menos aptos, los más burócratas, los seres que hacen de la genuflexión un arte para mantenerse en los cargos, en fin, los "nanócratas" convertidos en "ineptócratas" esperando recibir los subsidios clientelares a los que seguramente tendrán que llegar para que la burocracia medio funcione.

¿Y todo lo demás?, "Nanocracia e Ineptocracia": términos usados por Gil Gamés en su artículo del 17 de septiembre de 2018. En Milenio Diario.

¿VAS A SER PARTE DEL PROBLEMA O PARTE DE LA SOLUCIÓN?

Tuve un jefe por allá en 1985 que cuando me iba a plantear alguna situación problemática en la institución o un conflicto entre el personal, siempre me recibía con esas palabras, a lo que normalmente le contestaba: usted va a firmar o yo voy a firmar, porque partiendo de ahí, me daba cuenta no sólo de la naturaleza del problema, sino también de qué tan complicado podría ser el solucionarlo.

Aclaro aquí que jamás me solicitó hacer algo indebido pues si por algo me tenía en la administración era para mantener en orden a la institución.

Y sí, aprendí que uno puede ser parte del problema o no dependiendo de la actitud, del enfoque que damos al problema, de las alternativas que sea uno capaz de analizar o estudiar y de las formas como se interpretan las normas por las mentes burocráticas.

Los asuntos se complican en la burocracia porque de entrada existe un no:

"no hay, no se puede, no tengo tiempo ahorita, no me corresponde, no está mi jefe y no puedo decidir, no hay forma de solucionarlo, no tengo autorización, no sea malito, pase con fulanito, no ve que ya voy a cerrar, vuelva mañana, no pos lo que usted quiere esta re difícil, no le entiendo, no habla claro" … y otros más que se me olvidan (ah, pues si, "no me acuerdo").

Ser parte de la solución es más difícil, pues implica un primer esfuerzo para obtener un planteamiento adecuado del problema. Sabemos que las más de las veces si el planteamiento es erróneo, la solución también lo será.

Los planteamientos y en general diría que las solicitudes para atender un sinnúmero de asuntos conllevan terribles suposiciones, inferencias, intenciones sesgadas y un alto grado de prejuicios que hacen que se compliquen.

Finalmente, en el gobierno y en cualquier organización diría yo, "hay cosas que se pueden, cosas que no se pueden que sí se pueden y cosas que no se pueden que no se pueden", así que necesitamos afinar nuestra percepción para distinguir claramente cada una de ellas.

También puede uno aprender a leer en los discursos políticos el enfoque que se dio a un problema, las deficiencias de los planteamientos y por supuesto, de las soluciones.

Puede también analizarse el entramado de suposiciones que aparecen, los prejuicios, las limitaciones de la percepción humana tanto individual como grupal y las más de las veces las intenciones de quien nos está tratando de convencer con su discurso.

Apagar los motores de la emotividad, evitar caer en la cursilería ramplona, escuchar con atención las verdaderas pretensiones, medir el cinismo, la hipocresía, debieran ser habilidades en nosotros al escuchar a los políticos, al dialogar con los burócratas, sobre todo después de las primeras decepciones, pero sucede que no.

Sabemos por ejemplo que el "mañana se lo tengo" se convertirá en 5 o 6 días, pero lo aceptamos con la esperanza de que si esté. ¿Qué promesa de político se cumple? Quizá sólo aquellas que le benefician en lo personal.

Sabemos que están muy lejos de interesarse de verdad en la gente y sin embargo nos queda la esperanza de que esto no sea así; por más que la realidad nos muestra la mentira, pensamos de repente que sí van a hacer lo que prometen.

En ese lenguaje tan rebuscado yo no sé si soy de "aquellos que apostaron a que el país regresara al siglo X a de C." o de "aquellos que con su esfuerzo, dedicación y entrega ofrendaron lo mejor de sí mismos en beneficio de la patria".

O a la mejor soy de "quienes apostaron por un futuro sombrío, aunque la claridad del funcionario brille para asegurarnos que no, que estamos ante una crisis pasajera que resolveremos con la fortaleza que nos caracteriza" y que "aquellos que quieren ver derrotado a x, desconocen que la fuerza del estado está con los poderes legítimamente instaurados que ejercen obviamente los iluminados en turno".

"Que el país está por sobre los intereses mezquinos y que el gobierno sólo trabaja por los más necesitados, llevándoles la certeza de que tendrán un futuro promisorio, que quedarán reivindicados, que la sociedad les pagará la deuda histórica que el país tiene con ellos".

¿Qué más?, ¿qué más? Ah sí, se me olvidaba, que no vayan a esperar que no suban los precios, que no haya carestía, sobre eso sólo podemos apechugar.

Yo los invito a que tomen cualquier discurso de cualquier político y es lo mismo, es tan clara su obscuridad, tan obvio el lenguaje rebuscado, casi poético a veces, que se utiliza para enredar a quien escucha.

Vamos, a mí me gustaría que cuando se habla de aquellos que tal o cual, dijeran quiénes son para cuidarnos por lo menos, o qué hicieron o qué sabe el político que nosotros no.

Bueno, sueño guajiro finalmente.

Un problema surge generalmente cuando no podemos alcanzar algún objetivo específico. Y sí, no cabe duda de que tenemos ahí una situación problemática.

Ahora bien, para plantearnos cuál es el problema concretamente, recurrimos a la identificación de obstáculos, esto es, al análisis de todos aquellos factores, hechos o eventos que impiden que lleguemos a nuestra meta.

Con base en ello elaboramos un planteamiento que suele enfocarse de una u otra manera a la eliminación o elusión de los obstáculos identificados.

Es por esta razón que resulta mucho más importante abrir nuestra percepción hacia las situaciones que obstaculizan alcanzar los objetivos que hacerlo hacia las personas que pensamos actúan como obstáculo.

Un planteamiento escrupulosamente elaborado, abriendo nuestra percepción sin prejuzgar hechos aparentes, permite solucionar mejor los problemas. Si fijamos la atención en personas y conductas como obstáculos, sólo obtendremos soluciones que traerán más problemas.

Por ello es que pido a los lectores que "sin buscar descalificaciones estériles se cuiden de aquellos que utilizando los cargos que les fueron conferidos por la voluntad popular, lejos de corresponder con denodado entusiasmo entregándose en cuerpo, mente y alma a las labores indeclinables para salvaguardar los preclaros intereses de las fuerzas interactuantes de la dinámica nacional, buscando con toda objetividad servir a aquellos que sin poseer riquezas materiales inyectan con singular entusiasmo sus más anhelantes propósitos, generando las sinergias de desarrollo sustentable que se requieren y velando por las futuras generaciones que sin lugar a dudas heredarán el país que todos queremos...,"

Por favor, tomen algunos minutos más para reflexionar a la vista de lo que hoy nos pasa, quiénes son parte del problema y quiénes de la solución.

DIEZ MANERAS DE EVADIR RESPONSABILIDAD EN LA BUROCRACIA

Ante las acciones y/o decisiones que se espera tome el responsable de una función o actividad, el burócrata puede, sin mayores consecuencias:

- Transferir el problema, la acción o la decisión al más cercano.

- No enfrentar el problema y traspapelarlo.

- Difundir entre varios la responsabilidad, a través de la petición de opiniones o de la instrumentación de otras acciones que las más de las veces no se requieren.

- Ignorar el problema. También se le conoce como "estilo avestruz".

- Acaparar la autoridad. (no delegar por ningún motivo)

- Demorar las decisiones hasta el último momento.

- Actuar con el formalismo y ritualismo típico de esas organizaciones (protocolos, antesalas, acuerdos formales fijos, etc. etc.) y no instrumentar una decisión o una acción oportunamente.

- Aplicar el sabotaje burocrático contra cualquier "enemigo".

- Obedecer ciegamente las instrucciones del jefe, aunque no se cumplan los propósitos de la decisión o la acción.

- Crear Comités innecesarios, reglamentarlos con rigidez y soportar las decisiones en aparentes consensos.

Cuántas veces no hemos escuchado frases como:

- TE RESUELVO MAÑANA SIN FALTA...
- NO SÉ DE QUÉ HABLAS...
- NO LO HE VISTO...
- NO ESTÁ EN MIS MANOS...
- FALTA INFORMACIÓN...
- NO HAY PRESUPUESTO...
- ES CULPA DE...
- LO TIENE MI JEFE...
- JAMÁS LO RECIBÍ...

Así la llevamos tranquilos...

EL LENGUAJE FLORIDO DE LA BUROCRACIA

Lo primero que aprende un burócrata es a no usar un lenguaje directo.

En un símil con la geometría, en términos de lenguaje, la línea recta no es la menor distancia entre dos puntos.

Un mensaje directo puede ofender, puede herir susceptibilidades, así que se sustituye por formas protocolarias de lenguaje burocrático comúnmente aceptadas, que finalmente dan resultados lentos y tortuosos.

Así, en lugar de escribir a un funcionario simplemente "Le solicito tal o cual cosa…Atentamente…", o si estamos en un "chat" algo así como "X mdio d ste qro q …", se utilizan formas como la siguiente:

> "Por medio del presente oficio, me permito distraer su fina atención a efecto de solicitarle de la manera más atenta y si para ello no existe inconveniente, gire usted sus apreciables instrucciones a quien o quienes corresponda o considere convenientes, a efecto de…

Sin otro particular reitero a usted las seguridades de mi más alta y distinguida consideración…

Atentamente…"

Las respuestas no son menos complicadas:

"Me refiero a su oficio número sss-xxxxx-1000/2020 del xx de febrero, recibido en esta el xx de marzo del presente año, donde amablemente nos solicita que… (Aquí se inserta todo el oficio recibido, salvo la despedida y el "Atentamente" claro).

Sobre el particular, me permito informarle que he girado las instrucciones pertinentes al departamento XXXX (o al C. Fulanito de tal, Director xxx de yyy, etc, etc.) a efecto de que atienda su petición a la mayor brevedad. No olvido manifestarle el interés de esta oficina de mi cargo para coadyuvar eficientemente en el logro de los objetivos de la ciudadanía, bla, bla, bla, bla…

Sin otro particular, le reitero la seguridad de mi más alta y distinguida consideración… Atentamente…"

Un queridísimo amigo decía hace muchos años que el que escribe es el que toma las decisiones, refiriéndose a quien prepara la información que finalmente es utilizada por las jerarquías en sus comunicaciones y discursos y, desde luego, para tomar sus decisiones.

Hoy día esto es un poco más complicado. Importa más el "spot" publicitario, la foto, la crónica pagada, que la comunicación honesta que nos mereceríamos todos los ciudadanos.

Y quienes hacen los discursos para decir los rollos del momento a través de algún alto funcionario, cada vez están peor preparados.

Véase si no estas frases de un discurso del Director General de Pemex, con motivo de la celebración del 70 aniversario de la expropiación petrolera, por allá en la época que gobernaba el PAN, situación que por su antigüedad resulta ya puramente anecdótica:

> "En paralelo, PEMEX fue y sigue siendo sujeto a más y más regulaciones, propias de las entidades públicas en México, pero inadecuadas para una empresa petrolera nacional en el mundo contemporáneo".

(¿Y cuándo siquiera intentó cambiarlas? nunca que yo sepa).

> "El modelo de regulación y gestión resultante es totalmente obsoleto". *(IDEM)*

> "Por eso, Petróleos Mexicanos vive una situación por demás difícil, que le plantea una encrucijada; seguir sujeto a ese cúmulo de reglas, controles burocráticos y limitaciones a su operación, que lo condenaría a un deterioro operativo y financiero ininterrumpido; o luchar para que se elimine esa camisa de fuerza que inhibe su crecimiento, a fin de que el país deje de seguir perdiendo valiosas oportunidades en materia de hidrocarburos".

(Esto medio sonó a Hamlet: "ser o no ser, he ahí el dilema, que es más importante para el espíritu: sufrir los golpes y dardos de la insultante fortuna o, volviéndose contra un piélago de calamidades, acabar con ellas. Morir, dormir. ¿No más? ...")

> "Por eso, quienes realmente deseamos un PEMEX, fuerte para beneficio de México, debemos promover una revisión de su situación, sin ambages e impulsar cambios que le permitan modernizarse".

(Estimado director general ¿qué no tuvo autoridad para hacerlos, con quien los quería promover? Y la neta, si realmente deseaba un Pemex fuerte, ¿por qué buscó dejarlo a merced de las grandes transnacionales, más de lo que ya está, por no haber desarrollado tecnología propia?)

> "Sólo así la empresa podrá resolver con éxito los nuevos retos que le plantean el México de hoy, el entorno actual de los mercados petroleros internacionales y el futuro de ambos".

(¿Sólo así?, ¿pues desde cuando estamos preparando capital humano a la altura de esas circunstancias, o es que vienen de afuera, "nos ayudan" y se van?)

> "Durante 70 años, Petróleos Mexicanos ha sido la empresa pública emblemática de México, la más grande, la que más aporta al erario público; pilar de la balanza de pagos del país y motor para la planta productiva nacional".

(¿Con todo y lo malo que cita?, entonces no estaba tan fregada pues, situación que las administraciones posteriores se encargaron de fregar pero ahora sí en serio.)

> "De ahí que la mayoría de los mexicanos reconozcan la necesidad y la urgencia de realizar diversos cambios para fortalecer a PEMEX, su empresa petrolera nacional. (¿De verdad?, ¿cómo a cuantos les interesará Pemex o "los cambios en Pemex" ?, ¿serán más que los que, de diferente forma, recuerdan a Pemex por los desvíos multimillonarios y los negocios de las élites políticas y empresariales?)

Por lo anterior, hoy conmemoramos esta fecha con orgullo (o sea que está de la fregada, aunque...) y a la vez con preocupación, pero también con esperanza; orgullo por lo que se ha avanzado, preocupación por los rezagos acumulados y por los retos en lo que falta por andar, y esperanza por el respaldo de los mexicanos para renovar y fortalecer a PEMEX bajo el liderazgo del Presidente Felipe Calderón."

(Así, evocando a Lope de Vega diría el poeta):

"En fin, señora, me veo

sin mí, sin vos y sin dios:

Sin dios, por lo que os deseo;

sin mí, porque estoy sin vos;

sin vos, porque no os poseo" …

Si tomáramos el programa de lenguaje ciudadano del Gobierno, deberíamos comenzar con los discursos, ¿no creen?, claro que sin caer hasta al fondo. El otro día escuché a dos jóvenes que trataban de comentar este rollo del petróleo y más o menos dijeron:

"No manches wey, ya viste que tenemos un buen de gas en el océano y que pa´ sacarlo tienen que vender a Pemex. Te sacas tú wey, me cae que no entendiste nada, güey, no, mira wey, para que el güey güey saque al buey de la barranca, necesitan un chingo de billete y, ps´ solo los gringos, o no wey, parece que estas guey caray".

"Y los brasileños que, wey…", *le contestó.*

"Y la selección del resto del mundo, sácate que…", *concluyó la plática.*

Por cierto, comentando sobre este programa de lenguaje ciudadano, encontré en su página de Internet este "buen ejemplo" de claridad, sintaxis puntuación y construcción gramatical:

El nombre de las cosas – 2007/05/23 03:49 Hay palabras que se usan de modo inapropiado de manera contumaz hasta que se arraigan.

Contrariamente a lo que se cree a veces, este uso particular no mejora la comunicación: si un lector no entiende un vocablo, lo lógico es que consulte el diccionario, y no resolverá su duda si allí no encuentra un significado concordante con el sentido de lo que leyó. (¡EXACTO!)

El pensamiento circular y el uso indiscriminado de pleonasmos están siempre presentes en los escritos y discursos burocráticos. Es fácil caer en perogrulladas y bueno, hasta en la presentación del manual de lenguaje ciudadano, siguiendo aquello de "En casa del jabonero el que no cae resbala" …

> *Se lee:* "Todos los ciudadanos tenemos derecho a recibir del gobierno información clara y objetiva, a fin de hacer efectivos nuestros derechos y cumplir con nuestras obligaciones de mejor manera".
>
> "Como servidores públicos tenemos el mismo reto que refería el gran poeta y escritor Pablo Neruda, cuando decía "que mientras más escribía, más difícil le era expresar su sentir"; luego entonces una escritura clara y eficaz representa un reto mayor en nuestra labor diaria como servidores de la sociedad".

(Caray, para expresar el sentir burocrático se requeriría permitir el uso de palabrotas y mentadas de madre. Ya me imagino un oficio que dijera, "no, ni madres, no está autorizado, váyase al carajo" …)

> *Termina la presentación de este manual diciendo:* "Deseo que esta aportación sirva a todos para avanzar en ese gran sueño llamado México".

Yo preferiría avanzar en la realidad de México y no con discursos sino con hechos, por ahí esa Secretaría tiene muchos entuertos y muy seguido se suman nuevos.

Y sí, hablando de lenguaje claro, no vale hacerse güeyes con las violaciones a las leyes. Lo que se entiende de su actuación es algo así como decir "sí violó la ley, pero fue legal" (Véase cualquier mañanera actual).

Total, así se habla en la burocracia, porque en el gobierno hay cosas normales que se pueden hacer, cosas normales que no se pueden hacer que si se pueden hacer y cosas extraordinarias que no se pueden, que no se pueden, y éstas de la corrupción tolerada y encubierta son de las últimas. ¿No creen?

A lo mejor en nuestras escuelas comenzará a enseñarse el gallego, uno nunca sabe qué tan fortalecidas quedan las personas con la impunidad, así que empiezo a practicar usando la vieja gramática que me heredó mi madre, ella sí, gallega decente.

O parvo de Xan, ninguén medra as os cretos embazar. Ainda podes te arrepentir.

ACOSO LABORAL

Hace muchos años, publiqué un relato con el título de "El Charco", sobre el que recibí un comentario anónimo que desde luego agradecí, pues estoy firmemente convencido de que es en este tipo de interacciones donde uno puede desarrollar nuevos conceptos, ubicarse con la crítica que se recibe y, en fin, seguir aprendiendo cosas nuevas.

De este comentario me llamó la atención un párrafo que textualmente dice:

"El rey a (sic) muerto, viva el rey", es la frase que se escucha a cada nuevo experimento de administración, en donde los servidores públicos que no son amigos, compadres, conocidos o ya de perdida recomendados al nuevo administrador, más preocupados están en adivinar sus gustos, deseos y motivos de disgusto, que en atender las responsabilidades para las cuales se les paga, …, así que lo importante es decirle "yes, sir" a lo que el jefe en turno diga o haga, pues la negativa se castiga con un clima invernal en la relación laboral que puede ir hasta la propia pérdida del empleo.".

Al leer el concepto "se castiga con un clima invernal en la relación laboral" recordé inmediatamente las veces que me he enfrentado y combatido el acoso laboral que, para mí, no es otra cosa que la forma primitiva de actuar de un superior jerárquico que no tiene medios ni liderazgo suficiente para lograr el respeto de sus subalternos y recurre a esta práctica deleznable de "hacerle el vacío", de no pelar, de castigar relegando, de burlarse a espaldas del subalterno que suele mostrarle frecuentemente lo equivocado que está al tomar decisiones.

En los países desarrollados se castiga el acoso laboral o cuando menos se le considera como un riesgo de trabajo sujeto a indemnizaciones; en las empresas y en la burocracia mexicana es práctica común y corriente y casi siempre queda impune.

Es aún más común y dañino que el acoso sexual, pues suele aplicarse sin distinción de género y es difícil de precisar el daño psicológico que ocasiona.

Pero al igual que en el acoso sexual, se tiene un impacto traumático indudable en el o la acosada, aunque tampoco se castigue mayormente.

Aquí no por concepciones machistas o feministas extremas (que ven a la mujer o al hombre en su caso, como objeto y suelen considerar errónea y mal intencionadamente que esas situaciones son provocadas por los propios acosados), sino más bien por las posiciones jerárquicas intocables o por la delegación inapropiada de la relación laboral en "acosadores profesionales" o por la concesión de privilegios a algunas personas que inciden en los grupos dentro de la organización.

En las definiciones que encontré en Internet considero aplicable esta de Wikipedia pues reúne prácticamente los elementos esenciales del acoso laboral:

"... el acoso psicológico tiene como objetivo intimidar, reducir, aplanar, apocar, amedrentar y consumir emocional e intelectualmente a la víctima, con vistas a eliminarla de la organización o satisfacer la necesidad insaciable de agredir, controlar y destruir que suele presentar el hostigador, que aprovecha la oportunidad que le brinda la situación organizativa particular para canalizar una serie de impulsos y tendencias psicopáticas " (Tomado de Wikipedia).

En el acoso laboral está presente una administración incompetente y normalmente cuando se ejerce este acoso jerárquicamente los afectados son individuos excepcionales con demostrada inteligencia, competencia, creatividad, integridad, talento y dedicación.

Los comportamientos que además se vuelven disfuncionales, evaden responsabilidad y generan un ambiente hostil, suelen ser de alguno, varios o todos estos tipos:

- No comunicar información necesaria para desarrollar un trabajo.

- Atacar verbalmente al acosado con insultos, amenazas, críticas sin fundamento, ridiculizarlo o burlarse de él o ella.

- Presionar para inducir el error, bloquear iniciativas, impedir la utilización de medios de trabajo necesarios.

Dejarle asuntos por debajo o por encima de su capacidad real o de sus funciones, con el fin de desacreditar a la persona.

Suelen fijarse trabajos rutinarios sin importancia, monótonos, altamente burocráticos o bien metas o proyectos inalcanzables, innecesarios.

Cuando con algún esfuerzo adicional el empleado logra cumplir, ve que su trabajo es rechazado sin argumentos, o que se archiva sin siquiera leerlo o en el mejor de los casos diciéndole que no era lo que se esperaba de él o ella.

- Aislarlo socialmente, evitar que otros se comuniquen con él o ella a base de mostrarles disgusto por hacerlo.

- Levantar falsos rumores, calumniar, "grillar" a la persona como lenta, negativa, torpe, nefasta o cualquier adjetivo similar como epíteto.

- Hacer que cubra horarios extra sin trabajo alguno, tan solo esperando por si se le necesita hasta que el jefe se vaya, el cual suele pasar evidenciando que el acosado o acosada no existen siquiera.

- Gritar, empujar, amenazar físicamente, invadir su vida privada, exigirle presencia aún con problemas familiares, físicos o de salud.

- Denostar públicamente o humillar sutilmente pidiéndole intervenciones públicas de temas o asuntos que el acosado no conoce o no maneja con eficiencia.

- Hacerle ver que se le tiene ahí por lástima o sólo como un favor o una consideración especial y que fuera de ahí estaría "acabado"

En las burocracias los agresores están frecuentemente instalados en un determinado "statu quo" que los protege o los hace "intocables".

Así, el atropello de los derechos de quien es víctima del acoso muchas veces se premia y se valora como "ingenio" o "habilidad administrativa" y esto consolida una actitud perversa para el futuro de la organización, pues quienes acosan a otros hacen de ello una herramienta de administración o de promoción personal que finalmente hace ineficiente e ineficaz a la organización entera generando más y más burocracia.

Desterrar este tipo de administración es una materia urgente en México; legislar sobre el acoso de cualquier tipo en los ámbitos laborales también; pues los efectos que provocan estas actitudes y acciones de los acosadores pueden llegar a ser altamente negativos para el desarrollo sano de las organizaciones, ya que los acosados presentarán un síndrome complejo que finalmente nos afecta a todos.

Los efectos no son difíciles de imaginar:
- Trastornos de índole social, que son los efectos que ocurren en las relaciones interpersonales y en la interacción con grupos no sólo en el entorno laboral sino también en la familia y con los amigos, pues la persona se va aislando cada vez más.

- Trastornos psicológicos que pueden ir desde la desmotivación permanente a la depresión e incluso a la regresión. Los cambios en la personalidad tienen muchas veces efectos permanentes y suelen provocar cuadros muy severos de crisis que desembocan en enfermedad grave o incluso en la muerte.

- Trastornos físicos fundamentalmente nerviosos, cansancio, dolores difusos, fatiga, pérdida de memoria, reacciones psicosomáticas al estrés, enfermedades virales continuas.

- Trastornos económicos, pues la pérdida de autoestima provocada por el acoso laboral permea en las actuaciones del individuo que ve mermada su capacidad para generar mejores ingresos.

Generalmente las víctimas de acoso laboral tienen que renunciar a sus empleos y sienten que son perseguidos y que el patrón que los está echando podrá divulgar conceptos malintencionados para evitar que consiga un nuevo empleo.

- En el sector público la alta burocracia intenta u ordena la apertura de expedientes de responsabilidades, sanciones de otro tipo o el traslado forzoso de la víctima.

Se crean chivos expiatorios que permiten encubrir la verdadera corrupción.

Se interpretan las reglas para que todo o nada quepa: según sea el caso pueden tener desde un centímetro hasta varios metros.

Cuando en la burocracia un jefe comienza a negar acuerdos, a regañar públicamente y las más de las veces sin razón; cuando nada le parece y todo le molesta, cuando usa en fin cualquiera de las actitudes señaladas o alguna otra similar, está ejerciendo un acoso psicológico sobre alguno o algunos de sus subalternos y es extremadamente dañino para la organización en su conjunto.

El hecho debiera denunciarse y la administración castigar al acosador y no al acosado, pues de otra forma se seguirá perdiendo talento valioso en nuestras organizaciones y se dejará finalmente que la mediocridad de todas estas huestes de funcionarios improvisados prevalezca.

Aun cuando el sentido común señale claramente que ése no es el camino para desarrollar e instrumentar los niveles de servicio que se requieren hoy día de las instituciones públicas, sigue ocurriendo y se sigue permitiendo flagrantemente.

Hace unos años tuve un problema de salud bastante serio del cual, afortunadamente, salí más o menos bien librado. Este evento me hizo reflexionar en la cantidad de estrés que mi cuerpo ha soportado después de 50 años de trabajo

Parte de este estrés digamos que se justifica por los retos afrontados, e incluso pudo resultar positivo, pero reconozco que otra parte no, porque finalmente fue derivado del enfrentamiento con alguno que otro jefe o jefa típicamente acosadores, manipuladores a excelsitud que no lograron impedir mi desarrollo pero que sí, sí lo intentaron.

Yo quisiera poder transmitir con una contundencia efectiva sobre todo a las nuevas generaciones que pueden y deben evitar ambas posiciones: la de ser acosador y la de dejarse acosar.

Hoy día, desde las propias leyes se instrumenta un acoso laboral sin precedentes. Te disminuyo el salario, trabajas más, si no te gusta te corro, ahora tienes que hacer tal o cual, tienes que tener lealtad si no quedas fuera, etc. etc.

Prestar atención como servidores públicos a la integración positiva de las personas en los grupos y en las organizaciones asegura mejor efectividad y un ambiente sano, proactivo, de reto y desarrollo para todos.

Cuando un jefe te dice que nunca estás cuando te necesita, podrías contestarle que más bien nunca te necesita cuando estás y si aparentemente tampoco te encuentra, es que no te busca…

Lamentablemente veo en la actual administración ya no sólo acoso, sino segregación y desde las más altas esferas de poder el avasallamiento de la burocracia. Se les han recortado los sueldos, se les ha negado sus prestaciones incluido el aguinaldo, ¿Qué sigue?

Desde mi punto de vista malos resultados, lentitud en el servicio público, corrupción rampante, esto último en todos los niveles; simulación laboral, afrenta absoluta a la integridad de las personas.

Ojalá todos se convirtieran en burócratas renegados y desde luego que busquen una defensa adecuada al enorme acoso laboral que están padeciendo.

ASÍ VAMOS A SECAR EL CHARCO, ALGÚN DÍA

Muchas medidas que se toman dentro de una burocracia para hacer más eficiente y eficaz el trabajo, suelen ser acciones que no van al fondo del problema. Pareciera que existe una especie de fobia a resolver las cosas y resulta más sencillo, muchas veces, complicarlas.

Siempre me ha gustado utilizar el símil del charco de agua. En una burocracia no se investiga el origen del charco. Se ve, preocupa, genera un estado de emergencia y se pone a todo mundo a secar el charco.

Las más de las veces, sin embargo, la llave de agua permanece abierta y el charco vuelve a formarse. Cuando estamos hablando de recursos públicos, esto se vuelve grave.

Una de las formas más aberrantes de secar charcos es la que consiste en poner a disposición de personal a los servidores públicos de los que se quieren deshacer los jerarcas de la organización para poder contratar a sus conocidos, amigos o compadres.

Por las características de las relaciones laborales en estas instituciones, la organización está muchas veces obligada a buscar acomodo para el empleado puesto a disposición de personal o si no, se requiere que se le "liquide", para lo que generalmente no cuentan con presupuesto; por ello se utilizan los llamados "arabescos laterales" o la simple "degradación" para ubicar al personal puesto a disposición donde no estorbe.

Sólo logrando que renuncien sin indemnización, estas organizaciones proceden a realizar los cambios que requieren.

Si tomamos en cuenta la "Ley de Parkinson" (libro de Northcote Parkinson), las estructuras burocráticas tienden a hacerse demasiado pesadas, a crecer sin sentido, para los fines del servicio público que atienden.

Hará unos 35 años, estaba asumiendo una posición directiva en el ámbito del desarrollo organizacional en una de las instituciones más conflictivas del país. En ella la burocracia se quejaba de la burocracia y no con falta de razón.

Al revisar la plantilla de personal de mi Dirección, encontré que contaba con 24 asesores asignados, independientemente de dos gerencias y una jefatura de desarrollo organizacional con alrededor de unas 120 personas.

Tratando de averiguar a qué se debía este absurdo me encontré con varias situaciones que dibujan muy bien las motivaciones de la burocracia para actuar como lo hacen.

Durante las entrevistas me di cuenta de que tenía ahí gente muy capaz, terriblemente desmotivada y personas que a la mejor fueron muy útiles en algún momento, pero que fueron desplazadas y puestas a disposición de personal.

La historia de casi todos era similar, eran víctimas sobrevivientes del cambio de funcionarios. Indagando un poco más y tratando de integrar a estas personas a la visión de la "nueva" administración, encontré que buena parte de su resistencia se debía a la falta de reconocimiento y a la escasa posibilidad real de desarrollarse dentro de la organización.

Me decían que el promedio de permanencia del Director General en los últimos 6 años había sido de un año cuatro meses y que no creían que ésta fuera la excepción.

"Ustedes llegan, hacen su desgarriate y se van, pero nosotros nos quedamos y tenemos que aguantar los virajes absurdos y el daño que le hacen a la Institución, a cada rato redescubren el agua tibia o inventan el hilo negro".

Difícil integrar así, aunque debo decir que se logró en un gran porcentaje acomodando a la mayoría en funciones que sí se ajustaban a sus perfiles y fijando un esquema de reconocimientos que sinceramente costó mucho establecer y que fue eliminado en el siguiente cambio de Director General, justo al año y ocho meses de que inició.

Por cierto, esa institución desapareció en el siguiente sexenio, llevándose a no sé dónde las carteras vencidas y la esperanza de la población que usaba sus recursos.

Esto me vino a la mente, porque con el servicio profesional de carrera se ha intentado desde hace muchos años, modificar las asignaciones arbitrarias y privilegiar la capacidad y el mérito para ocupar cargos públicos, sin embargo, esta situación no ha prevalecido porque la burocracia encontró la forma de ir anulando toda o parte de su operativa y sus procedimientos.

Se crearon finalmente mecánicas tortuosas y lentas que a la larga desvirtuaron la intención.

Hoy, para los puestos directivos, hemos vuelto a viejas prácticas burocráticas de nombramiento, en aras de la "confianza", la "lealtad", la filiación grupal, etc.

Incluso los ilusos que ostentaban direcciones de carrera se vieron desplazados mediante los mecanismos que se fueron creando para remover a este tipo de personal.

Las burocracias, y la nuestra no es excepción, deben mucho de su ineficiencia e ineficacia a la improvisación y al costo tan alto de aprendizaje que periódicamente se tiene que pagar, con cada cambio de mandos, pues…

Prevalece la idea de que el cambio se impulsa desde arriba y la verdad llegan personajes terriblemente nocivos para la salud de las organizaciones, porque practican un estilo de liderazgo equivocado, denostando lo anterior y festinando los "nuevos enfoques".

Y esto, desgraciadamente, ha sido una práctica de años y años, donde lo que se construye, se destruye al poco tiempo y lo nuevo, lo-que-verdaderamente-importa en una administración, se convierte en lastre a la siguiente. Salvo honrosas excepciones, claro.

Finalmente se secan charcos que se volverán a formar con el siguiente cambio. ¿Será el caso de la presente administración?...

Ya veremos.

BURÓCRATA RECOMENDADO

Hace algún tiempo un queridísimo amigo (de mis amigos del Kínder) me envió un cuento, el cual reproduzco quitándole únicamente palabras altisonantes (básicamente groserías) y rebautizándolo, pues pinta de maravilla las cosas que se padecen en la burocracia. Sin más, vá:

El muchacho termina el bachillerato y no tiene ganas de estudiar nada.

Como el padre es un tipo de renombre, un pez grande en el gobierno, lo aprieta:

– ¿Ah? ¿No quieres estudiar flojo? Bueno, yo vagos no mantengo, así que vas a trabajar. ¿Estamos?

El padre, que es Senador de la República, dada su larga trayectoria, trata de conseguirle un empleo y habla con uno de sus aleros de partido que están en este momento en el gabinete y le dice:

Compadre, ¿Te acordarás de mi hijo? Bueno, fíjate que terminó el bachillerato y no quiere seguir estudiando ese tarugo. Si puedes, necesitaría ya un puesto como para que empiece a trabajar mientras decide si va a seguir una carrera…

El asunto es que haga algo y no vague ni pase en la casa haciendo nada, y así a ver si se compone y hace algo de provecho ¿me entiendes?

A los tres días llama el compadre:

'Tito, ya está. Asesor del presidente municipal de Nuevo Laredo. Unos
$70.000 al mes más lo que pueda pis cachear, Belleza Verdad¡!

. '¡No, no friegues Compadre! ¡Es una locura!, recién empieza. Tiene que comenzar de abajo y con mucho dinero, se va a poner peor.

A los dos días, de nuevo el compadre:

– Tito, ya lo tengo. Le conseguí un cargo de Asistente Privado de un Diputado. El sueldo es más modesto, de $40,000 al mes más lo que agarre...

¡No, compadre!, ¡Recién terminó el colegio! No quiero que la vida se le haga tan fácil de entrada. Quiero que sienta la necesidad de estudiar, ¿me entiendes?

Al otro día:
– "Tito, ahora sí" jefe de compras en la Secretaria xxx
ya está, claro que el sueldo se va muy abajo... Serán $30,000 al mes más su 5%, nada más.

– Pero compadre ¡por favor!, Consígueme algo más modesto. Recién empieza... Algo de unos $5,000 ó $ 6,000 mensuales.

– 'No, pos eso es imposible, Tito.

– ¿Por qué?

– Porque esos cargos son por concurso, necesita presentar su currículum, inglés, título Universitario, haber hecho por lo menos una maestría o un posgrado en el extranjero, carta de no antecedentes...

Y por supuesto experiencia previa.

Discúlpame, Tito, eso está fuera de mi alcance, trabajos así no se encuentran y menos tan fácil...

Búscale mejor algo fuera de gobierno...

Finalmente, este cuento viene muy a modo con los cambios que quieren hacer no solo al servicio profesional de carrera sino a toda la conformación de la burocracia.

Nos estamos quedando sin talento dentro del gobierno y lo que hay, que desde luego existe, esto es burócratas inteligentes y bien intencionados, funcionarios capaces, tendrán que trabajar con personal apático, desmotivado y que va, pero no a aportar su talento, sino a cumplir su horario pasándola lo mejor posible. "Si haces como que me pagas, hago como que trabajo".

EN AQUELLAS ÉPOCAS REMOTAS... RELATO ATEMPORAL

"No vuelvo a tomar una sola copa de vino" Ya aprendí- decía alterado Don Antonio a cuanto empleado de la oficina se le paraba enfrente.

Y es que don Antonio era un viejo burócrata jubilado que a sus 80 años seguía dando lata por las oficinas de la dependencia ayudando a trabajadores a gestionar diversos documentos y constancias.

Todos lo conocían y departían con él, e invariablemente terminaba su día comiendo abundantemente con algún compañero o excompañero en alguna cantina, con sus tragos de por medio y la plática que nunca fallaba.

Don Antonio, Ramón y Epigmenio se reunían frecuentemente en el León de Oro de Tacubaya y solían pasar esas tardes arreglando el mundo.

-Pues ya era hora. - le seguía Don Ramón -Y mira que tienes la cabeza dura, pero qué bueno que a tus 80 años aprendas algo.

-Oye Ramoncito, no te mandes, que el susto no fue para menos.

-Me pasó no sé qué con la presión; baja o alta o las dos, pero creo que fueron las dos; vamos, yo sé que tengo de las dos y diario me la tomo con el aparato que me regaló mi hijo. Pero no sé cuál fue.

-Bueno Toñito, hablemos ya de otra cosa, que aburres con eso, así que dime, ¿recibiste la invitación para la reunión de jubilados de la Secretaría?

-Sí, ya pero no sé si ir, con eso de que ya no bebo...

-Otra vez la burra al trigo, caray Toñito ya bájale, respeta este templo a Baco en el que estamos, qué ¿quieres que nos echen?

-Bueno y qué van a tratar ahora, ¿otra vez nos van a usar dizque para conseguir una mejor pensión? O ¿qué nueva campaña política se avecina?

-Resulta que el líder del sindicato estaba organizando una reunión con el licenciado Eduardo (Lalo) Barajas, que tenía a su cargo las compras de la dependencia pues se les había ocurrido que los jubilados podrían formar una cooperativa para dotar de papelería a todas las oficinas...Negociazo, ¿no?

-Me enteré de que el que está organizando la cooperativa es el Licenciado Molina Corro, al que le decían el señor "Maestranza", ¿No te acuerdas de él?

-Más o menos, sólo recuerdo que era transa y el apodo era contracción del "maestro transa", y no tenía nada que ver ni con talleres ni con caballos y mucho menos con caballeros o caballerías.

-Suena bien-dijo Epigmenio que era el más entusiasta pues incluso ya había elaborado una lista de productos de papelería que podrían ofrecer.

-Ni una copa, ya lo dije- seguía metido en eso don Antonio.

-Pues si no pasas revista de supervivencia igual ya te dieron por muerto, o se están haciendo los vivos, como le pasó al gordo Martínez, que luego se metió en un liazo porque resulta que un empleado de la oficina del seguro estaba cobrando su pensión.

Así, cuando tramitó la solución de ese enredo lo tuvieron que matar y resucitar 3 veces antes de que quedara arreglado todo el "despapaye" que habían hecho.

-Pues pa´lo que me dan de pensión…- dijo Ramón que estaba ese día bastante molesto porque no le había llegado su pensión.

-No juegues, te la van a cortar y luego para que la vuelvas a recibir, olvídate, mejor haz el trámite de la nueva credencial, ya todo es por computadora.

-Pues sí, pero las siguen manejando unos babosos.

-Mira, si hago el trámite de la nueva credencial les tendría que dar de nuevo mi acta de nacimiento y para sacarla necesito ir al registro civil, pagando antes las copias certificadas claro, copia de mi CURP, mi carnet de la clínica, pero uno que hay nuevo, no el anterior que es el que yo tengo, por lo tanto, tengo que ir a la clínica a sacar un nuevo carnet y no sé qué requisitos sean ahora...

¿Y quién me va a llevar además...?

Necesito también un comprobante de domicilio, mi credencial de elector, misma que perdí y que tengo que ir a reponer ahora que baje un poco la gente que hace el mismo trámite, ah, y me la tardan como un mes más o menos, además yo ya no quería votar, así que por qué voy a tramitar credencial para votar si no quiero votar...

Yo creo que falta la copia rosa de algo, pero no dice en los cartelones y es un rollo para que te den informes más precisos. No sé qué más me vayan a pedir, pero lo mismo les he entregado todos estos documentos unas tres veces, como que no se vale tanta burocracia, ¿no crees?

-Con tantas computadoras, siguen generando papel y más papel, pero eso sí, con mayor eficiencia según ellos. Qué, ¿se trata de producir papel?, porque es fácil, hasta los correos electrónicos imprimen, si te digo, esto es burocracia acelerada...

El efecto bit en la oficina, la tecnología de punta usada por personas sin neuronas, equipos costosos para seguir produciendo oficios y formatos, normas y más y más regulaciones.

Entre otras, algunas que impiden que se use más la computadora, como esa nueva ocurrencia de que te anulan un montón de sitios del Internet, porque "son para uso personal o no tienen que ver con las funciones de la oficina".

O sea, para acabar pronto, que siguen sin aprender. Cerrarse al mundo, pensar que el personal pierde el tiempo en el Internet es cosa de burócratas decrépitos que así lo hacen.

-El personal que en la oficina usa así la computadora es porque no tiene trabajo que hacer, así que prefieren entonces que esas personas vayan a buscar a otras para platicar o se la pasen yendo al baño o buscando como hacerle para no aburrirse.

-Antes en lugar de Internet usaban revistas y cómics, pero igual perdían el tiempo los que tenían tiempo que perder...Pero, en fin, estábamos peor cuando se tenía que pedir permiso para todo.

-Por cierto, ya vieron que uno de los trámites nuevos más complicados es el que se hace para simplificar los trámites. Pareciera que dicen: vamos a poner más trabas, a complicar las cosas para que siga predominando la simplificación administrativa sobre la renovación moral, como decían hace muchos años, algunos policías de tránsito cuando te paraban.

-La mayoría eso sí, escogía la simplificación administrativa.

-Bueno, les recuerdo que en las remotas épocas en que no había computadoras, solían utilizarse un sinnúmero de aditamentos para producir papel, que sigue siendo un elemento indispensable de toda burocracia.

-En mi primer trabajo- interrumpió Ramón- la única tecnología disponible para apoyar mis tareas eran: una calculadora científica y regla de cálculo, que eran personales, la máquina de escribir y una calculadora antiquísima de Burroughs, donde efectuabas las operaciones girando unos cilindros a través de una manivela...

Para cualquier operación, separabas las unidades, decenas, centenas y así, para que con un máximo de 10 giros fueras teniendo resultados parciales de tu operación.

Brincabas una posición a la izquierda y vamos con las decenas y así, todo con una manivela. Incluso podías dividir; de verdad era una máquina ingeniosa de los años treinta o cuarenta me imagino.

-Pues de qué presumes Ramón, se me hace que trabajabas en un lugar muy atrasado, en ese entonces yo tenía una Olivetti mecánica muy sencilla de usar con rollo de papel incluido- contesto Epigmenio.

-No creas, -terció Toñito- a veces extraño el sonido de las teclas cuando Juanita estaba escribiendo con su máquina los oficios para los morosos, recuerdo que siempre tenía los dedos manchados por el papel carbón y se distraía tanto que luego la veías borre y borre todas las metidas de pata. Yo le ayudaba...

-A meter la pata será. Se me hace que extrañas a Juanita ¡pos qué! Y a poco hasta te fijabas en los dedos- contestó Ramón bromeando.

-Hoy es muy fácil corregir y corregir 6, 10 o más versiones de un documento y no pasa nada, salvo las impresiones que se tiran a la basura o, mejor dicho, se "reciclan" para escribir por el otro lado, con lo que ahorran papel, según los burócratas que creen que eso es así- continuó Toñito.

-Pero antes, ten en cuenta que esos oficios se hacían en original y cuatro o cinco copias al carbón y si existían errores, salvo unos cuantos que podían borrarse para ahorrar papel, en muchos casos se tenían que repetir completitos.

-El papel seguirá existiendo, aunque se acaben los bosques y en el gobierno más, por eso el negocio de la papelería puede ser muy bueno- dijo Epigmenio.

-Oye y todavía existirá el papel carbón -bromeó Ramón a Toñito- pa' que te sigas manchando, ¿no?.

-Mira Toñito -intervino Epigmenio- a mí me tocó vivir en la oficina desde que nacieron las tabuladoras y las tarjetas perforadas, hasta los sistemas a través del Internet y no creas que son muchísimos años, todavía en 1990 se usaban profusamente las máquinas de escribir, eléctricas claro y con memorias y aditamentos ingeniosos, luchando por sobrevivir, ah, y las copias al carbón, porque había trámites que así lo exigían. Pero finalmente, su destino era desaparecer. Como nosotros...

-Fíjate Ramón que he querido conseguir una videocasetera VHS y ya no hay en ninguna parte, solo DVD en algunas porque también está desapareciendo, voy a tener que tirar mis películas.

-Pues tampoco compres DVD. Vas a ver que en poquísimo tiempo ni siquiera habrá físicamente un medio donde te vendan las películas. Las podrás descargar de la red y las almacenarás en tus propios dispositivos, sin ocupar ni siquiera espacios fuera de la computadora.

O todo lo guardarás en grandes bancos de datos "en la nube" para que te puedan controlar mejor desde los grandes corporativos. Terabytes van y terabytes vienen, el futuro de la humanidad estará regido por las computadoras y muchos, muchísimos empleos desaparecerán porque utilizarán robots y sistemas automáticos para todo.

Yo digo que el ser humano podría refugiarse en la burocracia, finalmente alguien prende y apaga esas cosas y podríamos enseñar a los robots a comportarse a la altura y volverse lentos e ineficientes, bromeó Epigmenio.

-Oigan- dijo Toñito- les conté que mi hijo puso en su casa una computadora que controla todo.

La programa incluso para manejar los aparatos eléctricos, mantener una temperatura estable y confortable, encender y apagar luces, calentar el agua y un montón de cosas más.

Ya lo quiero ver el día que se le descomponga el aparatito, si ya es un bueno para nada, a ver qué hace.

-Oye Toñito ¿Y de veras no vas a beber, nada nada, ni siquiera en navidad?

-Que no hombre, cómo das lata.

- ¿Se dan cuenta que toda nuestra vida productiva estuvo regida por la cultura del papel? Todas las sociedades "civilizadas" han abonado en tecnología, inventos y sistemas para manejar el papel.

-Pues sí, burocracia que no genere papel, deja de serlo... ¿Y ni una copita te vas a echar Toñito?

-Bueno ¿y de la cooperativa qué?

-Debemos tener cuidado, ¿qué no es este Barajas el que está metido en líos por contratar sin licitación pública algunos servicios?

Pues sí, pero esa fue movida del jefe y si le quieren hacer algo o lo quieren de chivo expiatorio se les va a ir con todo, así que no creo que pase nada, si está bien "palancas".

-Bueno y con tanta computadora se sigue necesitando tanto papel y clips, grapas, broches Baco, Pitt, liquid paper y cosas así, ¿qué no había una política de menos papel o como dicen los nanócratas "de paper less"?

-Claro hombre, si supieras... ¿Si supiera qué? -preguntó Toñito.

- ¿Mira, van a incrementar las compras y ya se tiene quien organice los concursos, además, ahora es más difícil asignarle esas cosas directamente al sindicato, con eso de la transparencia y demás, así que la cooperativa va a ganar y va a repartir, el sindicato pesa, o que no?...

-Bueno, a menos que las transnacionales también le quieran entrar a esto, en cuyo caso, ya nos la pelamos...

-Ah caray -dijo Toñito- ahora si dame una copa...Y salud!...

EL EFECTO (DEL) DOMINÓ

Podrían pensar que vamos a tratar aquí problemas de accidentes catastróficos derivados del efecto dominó, o de sucesos concatenados que pueden provocarlo.

No es así, aunque prometo en otra oportunidad tratar el tema a propósito de los sistemas de control, mencionando algo también sobre el efecto mariposa en el desarrollo de las organizaciones, incluyendo las burocráticas, por supuesto.

Hoy vamos a comentar otro efecto dominó, uno más positivo, que es el relativo a la costumbre burocrática de jugar dominó a la hora de la comida o, al menos, un día de la semana, saliendo de la oficina, para mantenerse en forma, conservar a los amigos y distraerse un poco, aunque las parejas protesten, o les guste también jugar.

Generalmente, el dominó es un buen pretexto para ir a la cantina y también hoy día para socializar con los compañeros y compañeras del trabajo.

Burócrata que no juegue dominó está perdido de antemano.

Aprovechar la hora de la comida para tales efectos, era una costumbre que explica por qué proliferaban las cantinas cerca de las oficinas públicas.

Ahora bien, existen ciertas reglas no escritas para jugar dominó, buscando la sana convivencia, sin dejarse arrastrar por la pasión del juego, lo cual es muy útil si el jefe juega con nosotros.

En primer lugar, debe jugarse al menos una ronda, que consta de seis juegos a cien puntos cada uno, tres de ida y tres de vuelta.

Debe existir alguna apuesta adecuada al nivel de los bolsillos de todos, misma que se hace por juego.

Esta apuesta se fija al principio y puede ser muy variada, desde el clásico 10-20-30 que se refiere a montos en pesos para quien pierda el juego: si la pareja perdedora no hizo ningún punto, pagará 30, si hizo hasta 50 puntos, 20 y si rebasó los 50 puntos 10 pesos.

En otras ocasiones, de quincena normalmente, se apuesta la botana o los tragos, o la cuenta total, depende.

Si se empata un juego va de nuevo desde cero, pero se dobla la apuesta. Empate puede ser desde diferencias de más o menos 5 puntos, hasta un marcador igual, según se convenga entre todos los jugadores.

Un buen burócrata debe jugar muy bien dominó; esto es:
- Jamás le podrá ganar a su jefe cuando está de contrario y exhibirá toda su destreza cuando le toca de compañero.
- Si no debe ganarle, mucho menos puede "ahorcarle" una

mula, vamos, ni la de blancas.
- Jugar con agaches, sólo por allá en tierras yucatecas.
- Jamás le tapará la mano al compañero si es tu jefe, lo que puede acarrearte un severo extrañamiento que puede reflejarse en tu desarrollo.
- Se vale con cualquier otro para ponerle más interés al juego.

Un buen burócrata debe aprenderse el nombre coloquial de las fichas y las frases de algunas jugadas y procedimientos clave. Así:
- Las blancas son las güeras o las doradas si se juega con un dominó con publicidad cervecera.

- Si sales a blancas sales encuerado.

- Los unos son pitos, pitufos, pitirijas o uñas cuando se cuadra a unos. Al tirarlos puede incluirse un albur del tipo de Ahí les va la dolorosa o pa' que duela, o para que sientan lo que es jugar o cualquier otro que se ocurra en el momento.

- Los doses son duques de Otranto, o Duques de Veragua (que son ducados reales, por cierto).

- Los treses son trenes, tripas, triques, trípodes. Si se usa "tren", cuando se tira se acompaña de la frase "el tren que corre por la ancha vía".

- Los cuatros son cuadernos, cuatriques, cuadros, cuadrúpedos o forros (este último nombre viene de la palabra inglesa four)

- Los cincos son quintos, o el "cinquiriquillo five".

- Los seises sixtos, o el Sixto Papa. Refiriéndose a la mula se le dice la panzona, la caja de cocas, la manchada.

- Cuando ahorcamos una de estas puede decirse elegantemente "murió de amor la desdichada Elvira" sin referirse desde luego al célebre poema de Espronceda, sino más bien al dolor que causa quedarse con la mula de seises en la mano.

Si no es un juego de torneo, y aunque digan que el juego lo inventó un mudo, entre cuates se vale "chacotear". Así se utilizan frases muy apropiadas para momentos específicos del juego.

Por ejemplo, al ahorcar una mula:
- "Esa ya no me va al baile"
- "Ya no llegó a las posadas"
- "Guárdatela para' la próxima"
- "Se vale llorar del luto"
- "Esa ya huele a cadáver"
- "Del panteón nadie la saca"

Para quienes alardean de poder ganar el juego se utiliza preferentemente ésta:

"Se me hace que son de jerga y tienen las vetas anchas"

Cuando queda uno firme y ya no pueden sacar fichas, al tirar la última ficha se suele decir:

"Vámonos tentando abajo, que se siente singular deleite"

Cuando alguna pareja se separa mucho en el marcador suele decirse:

"Estos se inflaron como globos de Cantoya"

Si alguien se agacha una ficha:

"Mientras más te agachas más se te ven… las negras intenciones"

Cuando uno trae todas las fichas que faltan después de un cuadro se dice:

"Al haber gaviotas no hay gavilanes y mejor me voy a asolear un rato"

Si se está en la alternativa de cerrar o abrir el juego puede apresurarse al enemigo:

"O la bebes o la derramas" o bien

"Córtate con el "serrote", o si es un cierre de difícil contabilidad:

"Pa' los hombres que vienen del mar adentro"

Cuando uno pierde debe hacer la sopa, o sea, revolver las fichas, también se puede referir al mismo acto de revolver fichas con estas frases:

"A remar se ha dicho"

"Les toca bajar a la mina" o "A picar piedra"

"A pulir la mesa"

"A tallar las fichas"

"Muévanle sin salirse de la raya",

"Muévanle rapidito y de buen modo" …

… y otras más que no recuerdo.

Destintarse es sacar por delante las fichas más altas (seises, cincos, cuatros).

Andar de chaqueteros es cambiarle la jugada al compañero, lo cual casi siempre termina en derrota.

Cuando se tiene la certeza de ganar se puede comentar:

"Esto es como robar a una borracha"

Respetar, repetir la ficha y re…fregar, al contrario, siempre serán las reglas básicas.

El ir a jugar a la mitad de la jornada servía mucho para ponerse de acuerdo en asuntos de la oficina en un ambiente más relajado, se podía uno acercar más al jefe, existían acuerdos y apoyos entre compañeros. Se podía grillar "en confianza".

Sin embargo, las distintas administraciones tecnocráticas han luchado contra los lapsos de comida muy amplios. Hoy a lo más tienes una hora para comer, aunque te tomes una y media, como todos, pues es también éste un deporte burocrático.

Se come rápido, se digiere mal y se desarrolla gastritis crónica, así que jugar dominó en tales circunstancias sólo amarga el carácter. Hoy se acostumbra más jugar por las tardes-noches, saliendo de la oficina.

Muchas veces me tocó trabajar en el centro de la ciudad, de hecho, la primera vez que trabajé para el gobierno, tuve un jefe maravilloso que además de ser un excelente jefe, un funcionario honesto y cabal, sabía jugar dominó como pocos he conocido y algunas de sus enseñanzas se me quedaron.

Sólo espero que en el cielo organicen torneos para que se la pase por lo menos entretenido.

Unas dos veces por semana era obligado pasar de dos a tres horas jugando mientras comíamos algo, en alguna de las muchísimas cantinas existentes. Menciono algunas:

- El Salón Victoria, donde había buena botana y las orejas de elefante,
- El bar Cádiz que tenía unos tacos de pierna sensacionales,
- El Negresco con las tortas,
- La Ópera y el coctel de camarones,
- El bar Gante con los sándwiches de carne cruda, de salchicha, de arenque;
- El Salón de los Espejos y el vuelve a la vida,
- El Gallo de Oro, excelente variedad, pero algo cara, la botana muy bien.
- El Danubio cuando se podía jugar ahí, pues hoy en día funciona más como restaurante, pero siguen sirviendo la sopa verde o roja de mariscos, reducida en tamaño por efecto de la inflación, supongo, pero igual de sabrosa y nutritiva.

Los langostinos siguen siendo opción y las manos de cangrejo moro, también.

- El bar Alfonso (ya extinto), carísimo de siempre,
- El bar Cota y la sopa Manolo o los ostiones 4-4-4,
- El Cadillac, último reducto de fines de quincena;
- En fin, me faltan algunos otros que ya vendrán a mi memoria...

Claro que al terminar teníamos que regresar a la oficina, de donde salíamos en esa época a las 9 o 10 de la noche normalmente.

Los días que no jugábamos dominó, procurábamos comer también en grupo y teníamos mucho de donde elegir desde lo caro a lo barato pero bueno.

Solíamos en alguna época asistir al café Roma, por ahí enfrente del cine Metropolitan, de hecho, éramos clientes asiduos por el menú económico y bien servido que tenían entonces.

Recuerdo el lugar porque nos atendía un mesero al que le decíamos el "lentejo", por lento y porque siempre se equivocaba con los platillos.

Este sobrenombre cambió, cuando descubrimos que buena parte de las equivocaciones provenían de que, entre idas y venidas a la cocina, se empinaba todo el alcohol que podía de los vasos que retiraba.

Así, a las pocas horas de iniciar su servicio ya no daba pie con bola, por eso le cambiamos su apodo por el de "torpedo", pues seguía cometiendo equivocaciones.

Finalmente, siempre nos atendió bien, al igual que Juanito el andaluz, allá en el Hórreo, frente a la Alameda Central en la calle de Dr. Mora; con su inconfundible puro, siempre en la boca, siempre te recibía con un qué tal, como estáis, yo aquí sufriendo, que no hay más…

En 52 años de trabajo, casi siempre tuve que comer en la calle, desde las fondas más sencillas, hasta los restaurantes más sofisticados.

En el centro jamás te aburres de comer en restaurante, pues tienes siempre de donde elegir. A mí me resulta difícil seleccionar restaurantes del centro, pues todos tienen para mí, aparte de buena comida, algo de mi historia personal.

Ya me organizaré para volverlos a visitar, en cuanto tenga oportunidad, pasando la pandemia o la crisis económica, depende.

Los nombres, bueno, van algunos:

Quién olvida, por ejemplo, el cabrito del bar **Sobia**, o del **Correo Español**, o del **Hevia** (ya extinto), o de la casa **Noste**.

Qué tal el **Tampico Club**, en Balderas, la **Fonda Santa Anita** de Humboldt (ya extinta), **el Mesón del Cid** con su famoso "lechón inocente que al buen apetito invita…" en la misma calle.

L' Heritage (ya extinto) en 5 de mayo con su filete al Pil Pil,

El **Lincoln** Revillagigedo y sus medallones "Cantinflas",

El **Prendes** (ya extinto) con su filete Chemita,

La paella y los menús tan bastos del **Casino Español**, el **Orfeo Catalá, El Mesón del Catellano, la Parroquia**.

La vista de la terraza del **Majestic**, que te ofrecía siempre un menú de buena calidad.

Y los caldos **Zenón** de Madero, ya no existen pero eran vestigio de los caldos de indianilla, buenos para la cruda realidad, o aquella antojería Los Amos con sus memelas, o los tacos Beatriz.

Qué tal una cita en el marco del hotel de la ciudad de México, en el **Delmonico's**.

Y no te hartaste alguna vez con el menú de la **casa Rosalía**, en San Juan de Letrán (hoy Eje Central), concluyendo con unos churros con chocolate del **Moro**.

Comer en el **Café Tacuba**, en el Círculo Vasco, en el bar **Mancera**, o unos chiles rellenos o en nogada de la **Fonda Santo Domingo**.

También recuerdo **el Cardenal**, en la calle de Palma, **la casa Chón** de la Merced donde puedes encontrar iguana, carne de mono, de jabalí y unas quesadillas de primera.

Bien, ya para finalizar, quisiera incluir un comentario más de un efecto negativo del dominó al mediodía en la cantina:

Por favor, tengan cuidado con el colesterol, con los embotellamientos y con las cáscaras del tequila.

Pronto volveremos, aunque sé que ya algunos se han ido para siempre, pero los que quedan siguen ahí, seguramente, por su calidad y atención.

Me doblo…

EL EFECTO MARIPOSA…EN LA BUROCRACIA

No cabe duda que el buche está lleno de piedritas. Diariamente, el contacto indiscriminado con una bola de burócratas lo va logrando.

En el panorama nacional las burocracias se siguen peleando por los centavos y por el poder, mientras la población común y corriente como todos nosotros, sólo sentimos cierta impotencia por no poder y también claro, por los centavos.

Si bien son distintas dimensiones de centavos y de poder, la preocupación es en esencia la misma.

Una produce más infartos que la otra y también distintos tipos de calvicie, pues los que se jalan el pelo con las dos manos agrandando las entradas suele ser porque ya se los fregaron; sin embargo, el calvo de la mollera, de lo alto de la chirimoya, lo es porque se la pasa rascándose esa parte hasta dar con alguna forma de fregar al prójimo.

Bueno, déjenme contarles que traté de probar el efecto mariposa en la burocracia iniciando un trámite de distintas maneras, para ver si los resultados finales se modificaban y bueno, de cierta forma averigüé que no.

No hay variaciones relevantes en los resultados, esto es que cualesquiera que sean las condiciones iniciales en el proceso, los resultados son muy similares.

Tuve un pequeño accidente con mi auto por eludir a una ambulancia que con una sirena en iiiiiiiii de ratón surcaba presurosa las amplísimas calles de esta ciudad, e imprudentemente, pues la sirena de plano no se oía, cruzó una avenida donde desgraciadamente iba yo pasando.

Pude eludir a la ambulancia, pero en la maniobra le pegué un abollón a la camioneta con el espejo de otro auto que circulaba a mi derecha y que también aceleró para eludir a la ambulancia.

Bueno, el caso es que llevé el auto a la agencia y en el servicio me dijeron que lo tardarían unos 5 días y ya saben con todos los rollos del caso, que si tenían que desmontar, que si cambiaban la puerta, etc.

Con esta información recurrí ahora a otro taller donde de entrada me mejoraron el precio, pero también me ofrecieron tener el auto en 5 días porque el golpe era sencillo, vamos, según me dijeron casi casi era un rozón.

Como estamos hablando del mismo golpe y dos versiones casi iguales de cómo repararlo, decidí finalmente y por garantía, llevarlo a la agencia donde lo compré, donde me dieron un tiempo de 5 días y me hacían un descuento del 15% en la reparación, cambiando el lienzo de la puerta, con lo que ambos precios eran similares.

Después de 15 días de estar sin auto, después de haberme peleado con cuanto gerente me salió al paso para tratar de tirar más largas, después de quejarme en la compañía matriz que vende esos autos, después de contestar tres encuestas de servicio que parece que no consideran cuando hay problemas, pues te vuelven a llamar como para ver si ya los perdonaste, en fin, me quedó claro que al tomar mi decisión generé un efecto muy indeseable para mi persona, no desde luego un efecto mariposa, pero lógico en términos científicos, pensando en las burocracias.

Cualquier otra decisión hubiera tenido su propio efecto, pero éste no habría variado mayormente del que tengo ahora.

Como estamos en México y tenemos que recurrir a la burocracia de los talleres automotrices, el efecto hubiera sido similar y estaría como estuve, sin mi camioneta.

Entiendo que también tiene que ver el tipo de auto y el uso de nuevos materiales "reforzados" que más se parecen a la lámina de las latas de refresco (que una vez que la aprietas un poco se arrugan y ya no hay manera de desarrugarlas), que a un bastidor firme de lámina para una carrocería.

Quizá la mejor opción hubiera sido no arreglar el golpe y pasármela criticando al ejército por tener ambulancias tan viejas y con sirena de bicicleta y al pobre policía que al ver que los autos no escuchábamos a la ambulancia, se cruzó imprudente en la avenida haciendo señales desesperadas de alto que ya los que estábamos cruzando no podíamos cumplir.

Por otra parte, existieron otros efectos del mismo hecho de dejar a reparar el auto, ya que como he tenido que caminar mucho más, me va mejor con el azúcar y con la dieta. Pude también de manera más sencilla comprobar que si lo hubiera llevado una semana antes, hoy llevaría 21 días sin auto.

Igual y también me salvé de algunos nuevos accidentes al quedarme a pie tanto tiempo, aunque pudo haberme atropellado algún imprudente por ser un peatón, si bien más o menos experto, "fuera de práctica".

Pude también subirme al Metrobús y comprobar que el famoso concreto hidráulico que se supone requieren para rodar y en el que gastaron una millonada, es algo así como un empedrado (de piedra de río) disfrazado, pues vas vibrando igual, eso sí, con vaivenes de izquierda a derecha y de arriba abajo o viceversa, que te arrullan mientras viajas.

También pude comprobar que en la estación en la que me bajé, subir la rampa para salir a los pasos de peatones resulta harto extenuante y requieres de una buena condición física.

En silla de ruedas requeriría ya de una preparación atlética en forma y a conciencia; bajarla también pues necesitarías frenar con todo para no desbocarte.

Pasé también por el elevador de minusválidos, pero no funcionaba y me quedé pensando que, si alguien en silla de ruedas hubiera bajado en esa estación, verdaderamente se las hubiera visto negras para salir; vamos, tendría que haber vuelto a tomar el Metrobús e irse a otro lado.

Eso sí, me consta, en las inmediaciones de cada estación de las cinco que recorrí, podemos disponer de tacos, tortas, tamales y en una de ellas hasta de mariscos.

Los puestos que, obvio, bloquean las banquetas y son antihigiénicos, colaboran decididamente para que pronto alcancemos el primer lugar indiscutible en los índices mundiales de obesidad y males asociados.

No sé por qué da la impresión de que esos permisos que otorgan las delegaciones, hoy alcaldías, para ocupar banquetas con puestos de todo, tienen más que ver con la simplificación administrativa que con la renovación moral, como decían antaño cuando empezó todo este rollo neoliberal.

Cada puesto según me dice un amigo tortero cuesta entre 80,000 y 150,000 pesos de entrada y luego cada semana te apoquinas con tu cuerno, de 1000 a 5000 pesos según el giro y la esquina o el lugar que te asignan estas mafias.

Tuve la oportunidad también de caminar unas 4 cuadras y en todas las bocacalles encontré aparte de algunos puestos de comida, una rampa para silla de ruedas.

Bien me dije, sin embargo, algunas de esas rampas son demasiado inclinadas, tienen peligrosas "caídas" laterales y en algunos tramos de las banquetas no cabe una silla de ruedas, considerando los postes de alumbrado, de cableados diversos y otros más pequeños que ponen para que los autos no se estacionen en la banqueta.

Esto implica que cualquiera en silla de ruedas tendría que esperar un milagro para poder salvar tantos obstáculos, o bien arriesgarse a ir por el arroyo vehicular, donde podrían ser multados por exceso de velocidad o por detener demasiado el tráfico, depende, además de hacerles ver la imprudencia de tratar de trasladarse por sí solos, en lugar de que algún familiar los empuje.

Ya curioso regresé al elevador y me di cuenta que el propio basamento de la escalera del paso de peatones obstaculiza el paso de cualquier silla de ruedas, o sea que no encontré cómo se llega a tan "útil" artefacto como lo podrían ser esos elevadores.

En fin, volviendo a la camioneta, intuyo que, si la hubiera dejado en el otro taller, además de seguir sin ella, mis reclamaciones se hubieran perdido en el espacio vacío del valemadrismo nacional.

Mínimo quejarse ante una transnacional, como es el caso, tiene más sentido que afectar la imagen de los compatriotas que honestamente operan en la mecánica automotriz.

Entonces en lugar de contemplar un efecto mariposa, encontramos algo a lo que bautizaremos como efecto ciempiés, ya que estos animalitos si bien no vuelan, si van muy despacio, dan muchísimos, muchísimos pasos para llegar a donde sea y si se tropiezan con algo, se la pasan tropezando un buen rato hasta que el último par de patas libra el obstáculo.

Pero eso sí, de que llegan a la meta llegan y ya me entregarán mi camioneta algún día de estos. ¡Faltaba más!

Esta compañía donde compré la camioneta tenía fama de calidad y eficiencia, cuando era japonesa, pero con esto de las fusiones y concentraciones de marcas y tecnología en unos pocos grandes monstruos transnacionales, después de tantas fusiones los procedimientos burocráticos sentaron sus reales e imperan en casi todas.

Como ya estamos bien entrados en la primavera, deberíamos abordar mejor el efecto de las mariposas en la burocracia.

Es bien sabido que en estas épocas las hormonas se alborotan y suelen sentirse mariposas en el estómago ante cualquier leve provocación del sexo opuesto (o del mismo en los casos en que aplique) y en esto, los burócratas no son excepción, al contrario, se aprovechan de todas las oportunidades que deja el trabajo que se desempeña, para echar novi@.

Este efecto de las mariposas se ve reflejado en la productividad global de los empleados.

Díganme qué gerente o qué funcionario puede pensar en el trabajo cuando su asistente o cualquier otra dama joven y bella de su "staff", se presenta con una de esas "blusitas" escotadas que se usan ahora.

Díganme quién puede prestar atención a cualquier problema con este calor, sin aire acondicionado y con un montón de feromonas flotando en el ambiente.

Igual este efecto de las mariposas podría explicar mejor el caos, refiriéndonos específicamente a las burocracias y al concepto, equivocado, por cierto, que le da significado de desorden.

Y nótese que no hablo de la teoría del caos, pues finalmente el sistema burocrático es un sistema estable, con muy pocos factores que permitieran llegar a resultados muy diferentes dependiendo de las condiciones iniciales del subsistema en el que estemos operando.

Aunque a la mejor podrían hacerle como la gaviota Carol, la de la Sirenita, de una simple pipa se saca un "boquiche humerfluo curvilíneo", como un aparato que proviene de la "prehisteria" y que es capaz de producir música.

Además, dicho sea de paso, según este personaje, la pipa podría convertirse también en una pequeña gargolera, dándole un uso práctico...

Así que dejemos el efecto ciempiés alterado por el efecto de las mariposas en el estómago y busquemos plantear como estrategia alternativa la de prestar nuestros servicios con eficacia y eficiencia, sin importar las distorsiones de la alta burocracia.

No olvidemos una de las normas básicas cuando tenemos un jefe que ni asiste, como el gerente de servicio de esa agencia, o uno que ordena y ordena tonterías: siempre nos queda ejecutar el "obedézcase, pero no se cumpla".

Desde luego, cambiar implica riesgos, pero créanme que son mucho menores que los de no cambiar.

Hagamos las cosas bien, qué nos cuesta caray.

Imaginen toda la buena imagen de una compañía, del gobierno mismo, que se pierde por la negligencia acumulada con efectos sinérgicos negativos de su personal.

Ahora que se han eliminado tantas subsecretarías, direcciones generales y adjuntas y muchos puestos más, está surgiendo la ineficiencia e ineficacia como norma.

"Me hierve el buche y me regorgorea el pulmón", como decía mi abuela, el ver como se ninguea al empleado de gobierno.

Creanme que los que aceptan trabajar bajo estos "nuevos modelos" en realidad retrógradas, lo hacen por temor a quedarse en la calle.

Y hasta aquí…

ENTRE TACOS, TORTAS Y TAMALES

Nada se da con mayor naturalidad en las burocracias que la organización de los convivios en la oficina.

A lo largo de tantos años he podido degustar cualquier cantidad de viandas, desde tacos de canasta hasta salmón ahumado, desde tamales de chipilín hasta tortas ahogadas.

En primerísimo lugar los tacos, bien de carnitas, de barbacoa, de canasta, de suadero, de guisados como mole verde, cochinita pibil, tinga poblana, bistec en salsa, picadillo, todo esto con arroz o sin (con arroz se llaman acorazados) flautas de barbacoa, de pollo o de papa con chorizo.

Luego las quesadillas de todo menos de queso que son muy simples, memelas, guaraches, gorditas, petroleras (que son las gorditas de chicharrón prensado), los sopes, los panuchos, los tacos de relleno negro, de cochinita pibil, de lomitos de valladolid, los papadzules.

Las tortas de pavo, de pierna, de bacalao, cubanas, ahogadas, tamales costeños, oaxaqueños, "de chile, de dulce y de manteca", rojos, verdes y de rajas.

Las baguettes, hamburguesas, pizzas, con sus salsas o con chiles en vinagre.

Y el refresco; en fin.

Uno comprende que, al acompañar toda esta comida con refrescos, esa industria tenga tanta preponderancia en México.

Recibir por otra parte los obsequios gastronómicos, cariñosos, de las familias de las personas que laboraban conmigo.

Chorizos hechos en casa, tamales regiomontanos, cabrito hecho en casa también, asados, compota de zapote blanco, dulces regionales, como el queso de tuna, las glorias, jamoncillos de piñón, de nuez, de pepita, cocadas de guerrero o de colima, igual, flanes y pasteles casi por cualquier motivo ¡humm!

Obvio, el pan de muerto y la rosca de reyes son un capítulo aparte.

Uno podría mantenerse de los convivios de oficina sin ningún problema.

"Bienvenido licenciado", se dirigió a mí un grupo de empleados en una oficina donde laboré, comisionados para informarme, antes que cualquier otra cosa, la existencia de un "derecho de piso" que cada nuevo empleado tenía la obligación de pagar al llegar a esas oficinas.

¿Como en los mercados y en la vía pública? Pregunté.

Bueno no tan así, usted invite lo que quiera, puede ser cualquier alimento al alcance de sus posibilidades, si no se trata de que pierda sino de convivir con todos, de que nos conozca y lo conozcamos.

Dicho esto, pagué mi derecho de piso invitándolos a una "botanera" que no es otra cosa que una cantina que te da la comida al comprar las bebidas.

Otras personas que llegaron a esa oficina compraron tacos sudados o de canasta.

La madre de una de las nuevas empleadas nos hizo tacos dorados de papa con chorizo, con su salsita verde y los refrescos, claro.

Otro más invitó tamales, aunque no era 2 de febrero.

En otra ocasión había carnitas y chicharrón, acompañados de pápalo quelite, buenas salsas y mejores tortillas, todo esto en la oficina.

Otro compañero invitó en su casa toda una comilona, sacrificando a la esposa para quedar bien, y así…

Pese a todas las prohibiciones, la costumbre de almorzar algo en las oficinas burocráticas es inalterable.

Los principales convivios del año son desde luego la rosca de reyes, luego vienen los tamales del 2 de febrero, incluidos atoles y champurrado, la primavera en marzo, el día de la madre, el día de la secretaria, los cumpleaños de todos, bien sea que se haga un convivio al mes por todos los que cumplen años (muy socorrido en épocas de crisis) o bien como caiga cada cumpleaños o santo, o ambos si se puede.

Las fiestas patrias, el día de muertos, y al arribo de las fiestas navideñas, se inicia el famoso puente Guadalupe-Reyes, que va del 12 de diciembre al 6 de enero, donde prácticamente diario existe algún convivio, dentro y fuera de la oficina.

Cabe aclarar que este puente se ha venido ampliando con extensiones más o menos regulares, así que hoy se habla del puente Guadalupe – Candelaria. A lo mejor queda instituido pronto...

Claro que a lo largo de la vida se te presentan un montón de circunstancias que asocias quieras o no a este tipo de convivios de oficina.

Hace ya algunos lustros, unos ocho quizá, y sirva como ejemplo, siendo yo muy joven tuve la oportunidad de adquirir un auto nuevo.

Como trabajaba en un banco del gobierno, tenía derecho a que me dieran un precio especial que se llamaba entonces "precio de gobierno".

Para tramitarlo, se tenía que conseguir la autorización de una dependencia específica, a la que llegaban todas esas solicitudes.

Tratando de agilizar el trámite me fui con el oficio firmado por mi jefe, a esa oficina, donde me topé con Lupita, secretaria del funcionario que firmaba esas cosas.

¡Uh! me dijo, fíjese que va a tardar el licenciado así que dudo mucho que salga su oficio. No le haga contesté, me urge tener ese oficio.

Pues qué es para usted el auto. Si le dije, es el primer auto que compro y ya me dieron un crédito del banco a 5 años para pagarlo. El auto era un Volkswagen 1965 y tendría que pagar $242.00 quincenales por los cinco años.

No sé si se compadeció de mí, o francamente me estaba "soltando los perros", pues me dijo:

"Y qué, ¿me va a invitar a dar la vuelta?" Como estaba de muy buen ver la señora, aunque ya algo mayor para mi corta edad, le conteste (con algo de timidez, lo confieso) que por supuesto, que nada más que lo tuviera.

Me dijo entonces que si tenía tiempo esperara al licenciado, pues era día de firmas, así que cabía la posibilidad de que firmara mi oficio si ella lo ponía hasta arriba. No me aseguraba nada, pero decidí esperar.

Tenía yo un buen rato leyendo, cuando se acercó de nuevo y me dijo, "no quiere un taco". ¿Cómo? Le conteste. Si, es que hoy es el cumpleaños de la secretaria del licenciado ¿¿??(No recuerdo el nombre) y trajeron barbacoa y carnitas.

Así que la seguí hasta lo que venía siendo el archivo general de esa oficina, pues era un espacio muy grande, eso sí, lleno de archiveros y papel.

Para mi sorpresa, tenían dos parrillas conectadas, una calentando un comal donde estaban calentando las tortillas para los tacos y otra para el consomé de borrego.

Sin medir el riesgo de tener esas parrillas con todo el papel que existía en ese archivo, me acerqué a donde estaban unos 20 empleados.

Las carnitas y la barbacoa estaban envueltas en papel de estraza y se veían y olían muy, pero muy bien. Con confianza licenciado, me dijo Lupita, se ve que trae hambre, además como que le hace falta alimentarse bien, está usted muy flaco.

Me comí tres buenos tacos de carnitas y un refresco, con lo que quedé súper lleno. Todavía sacaron pastel, pero de ese si ya me excusé.

Al poco rato llegó el licenciado que firmaba esos oficios y Lupita se dio una "manita de gato", entró con un pedazo de pastel y café; enseguida salió y tomó un "bonche" de oficios para firma, señalándome que ahí iba el mío.

Pasaron otros cuarenta o cuarenta y cinco minutos, cuando salió de nuevo con los oficios firmados y los que no alcanzó a firmar pues tenía una agenda apretada.

Todavía me hizo sufrir algunos minutos más hasta que me dio mi oficio no sin antes hacerme la broma de que el mío no estaba firmado.

Como se le olvidó lo de la paseada y me dio el oficio así nada más, le di las gracias de corazón, di media vuelta y salí muy contento con él. Qué buen servicio y qué bien dieron de comer, pensé para mí, además de todo ya me ahorré la comida, caray.

Bueno, regresando al tema, me gustaría dar un repaso por los menús más socorridos.

Hubo un tiempo en que nos aficionamos al ajedrez, al grado que no salíamos a comer; pedíamos tortas y refrescos y jugábamos en la sala de juntas.

Las tortas cumplían bien su cometido, sobre todo unas "cubanas", que preparaban con todo lo que se puedan imaginar: jamón, queso, salchicha, pierna de puerco, huevo, pastel de pollo y a veces incluso "queso de puerco"; todo en una telera muy grande (especial) con aguacate, jitomate, crema, cebolla y chile.

Aparte de engordar llegamos a tal nivel de competencia que lejos de relajarnos para seguir trabajando, nos estresábamos bastante, lo que me llevó a suspender tales prácticas y formar varios equipos de boliche para tratar de mantenernos en forma e incluir al personal femenino.

En esas épocas, administrar un centro de cómputo generaba ya de por sí muchísimo estrés; tanto que te aficionas de más al café.

Yo llegué a tomar unas 30 tazas por día en épocas de cierres mensuales y cuando existían conflictos "cibernéticos".

Hubo también una época en que se estilaba festejar con pizza en lugar de pastel, pero afortunadamente duró poco y regresamos a lo tradicional.

Hoy en día prácticamente está prohibido en todas las oficinas comer, pero es de esas cosas que no se pueden que sí se pueden, pues en general el personal se las ingenia o bien para ir relajando esa disciplina, o bien para introducir con efugios piezas comestibles para entretener el hambre.

Poner un puesto de tacos o de tortas cerca de una oficina de gobierno es éxito seguro, no hay pierde, y al restringirse los convivios de oficina, la gente ahora sale más a almorzar o incluso a desayunar una vez cumplido el clásico requisito de checar tarjeta y antes de que los jefes se dignen a ir apareciendo, por lo que suele tenerse tiempo más que suficiente.

Tuve un jefe aficionado al sushi, comida que ponía en la mesa cuando había reuniones prolongadas, que era muy seguido, por cierto. Después de la salmonelosis que tuvo, dejamos esa práctica afortunadamente.

Créanme que llega uno a odiar ciertos alimentos que se consumen tan frecuentemente y en circunstancias obvias de estrés.

Tuve otro jefe que era fanático del pollo "Don Fer" y no desaprovechaba oportunidad de hacer juntas a la hora de la comida, consumiendo pollo y arroz.

Quieras o no el colesterol te persigue, los riesgos se incrementan y muchos, muchos talentos terminan lisiados o en la morgue, pues cometieron el error, el craso error, de juntar un placer tan esencial con una obligación tan odiosa como lo es trabajar para burócratas que mudan su casa a la oficina y que piensan que trabajar medio día significa que es de 9 a 9 y jornada completa que desayunas, comes, cenas y duermes ahí mismo.

Las comidas de negocios, al hablar en ellas de trabajo, se vuelven fuente de gastritis crónica, independientemente del engordamiento al que conduce y si se bebe licor, a la hinchazón notoria de cara y párpados.

Si no, observen a los nuevos altos funcionarios, llegan delgados, sonrientes y a los pocos meses se les observa bien hinchados, no sólo por la bebida y la comida, sino porque ahora seguramente visten trajes a la medida... de las circunstancias.

Ojalá y pudiéramos tener un mejor equilibrio en el trabajo, ojalá y se prestara atención al ejercicio físico en intervalos adecuados, ojalá se permitiera el almuerzo de forma racional y ojalá aprendamos algún día dónde termina el trabajo y comienza nuestra vida privada, porque es que debemos respetar por sobre todas las cosas a nuestra familia dándole una importancia mucho mayor que al trabajo.

Esto, las más de las veces, lo aprende uno demasiado tarde...Y no vale aquello que me dijo una amiga cuando yo estaba medio gordito.

Me dijo:" Mas vale gordito jugoso que flaco dudoso"

Hasta aquí...

GUÍA RÁPIDA PARA HACER TRÁMITES BUROCRÁTICOS

La presente guía es válida para la mayoría de los trámites burocráticos. Puede haber excepciones, pero muy alejadas de los mortales comunes y corrientes.

- Lleva siempre contigo, a cualquier trámite, la hoja rosa que corresponda.
- Aunque no se diga que se requiere, junta todas las que tengas y llévalas, por si las dudas.
- Procura llevar un banco plegable para avanzar en la cola más descansado. (Sólo si es el Banco que ya sabes, no tienes que llevarlo. Como son burócratas convencidos, ellos te proporcionan sillas).
- Lleva tus propios bolígrafos: uno negro, uno azul, un lápiz bicolor, un lápiz normal, un marcador amarillo, goma suave, goma dura y por si acaso una de migajón.
- Si tienes perforadora y engrapadora, no estaría de más ir prevenido. Ah y lleva broches "BACO"
- Ordena tus documentos y haz una lista de referencia, ya que como te los van a revolver, necesitarás volverlos a poner en orden.
- No pongas cara de intolerante, exigente, pedante, pagado de ti mismo, o cometas el error de tratar de caerle bien a él (o la) empleado (a).
- Tampoco sonrías demasiado, puede tomarse como burla y

te puede ir peor.
- Si un empleado te trata groseramente, aguanta, recuerda tus clases de yoga, de karate, de tai chi chuan, cuenta hasta 50 o 100 si es necesario, pero tú, como si nada. Puedes ganar la batalla.
- No te ofendas si no te sonríen, aunque sea un poquito, imagina nada más si el o la burócrata le sonriera a 500 o 600 personas que atiende diariamente, terminaría con una lesión en alguno de los cóndilos de la articulación temporomandibular.

Por cierto, una definición simple, sencilla y clara de este problema físico es la siguiente:

"El enfoque Gnatológico/Protésico que más adeptos tiene versa sobre que la etiología de disfunción temporomandibular (DTM) es de origen multifactorial siendo las principales causas las interferencias o desarreglos oclusales, para funciones e incompatibilidades estructurales de la ATM, y aunado a todo esto un factor psicológico desencadenante o agravante: El estrés.

Uno de los mecanismos para el desencadenamiento de la DTM lo presentan las interferencias oclusales que muy frecuentemente se acompañan de parafunciones del sistema Estomatognático con el componente del estrés y éstas a su vez ocasionan una actividad muscular exagerada y asincrónica que se traduce en alteraciones importantes del complejo cóndilo-disco interarticular-eminencia articular que se manifiesta muy frecuente como un desplazamiento anteromedial del disco y alteraciones mesiales y distales de la posición mandibular que van acompañadas de una sintomatología muy compleja y variada de la DTM".

Una observación adicional:

Si el burócrata que te atiende insiste en sacarte de quicio, muy probablemente te pedirá la copia rosa sellada y ahí es donde puedes ganarle. La sacas de tu folder y la entregas.

Desesperado, el burócrata te pedirá dos copias fotostáticas de la hoja rosa, claro, así que llévalas, al igual que de todos tus documentos (no te confíes).

Tú puedes salir avante con esta sencilla guía, preparada para darte ánimos y puedas ir decidido a hacer tus trámites, sabiendo que tendrás éxito, sin excusas ni pretextos.

Ah y procura ir al dentista o al cirujano maxilo facial si haces muchos corajes, o demasiados trámites...

ESTE ERA UN ASUNTO IMPORTANTE

Llegó un buen día, como todos los días, a la oficina del mero mero mero, pero mero mero un asunto delicado que requería de atención inmediata.

Como el susodicho andaba de gira, el jefe de esa oficina turnó de inmediato el asunto al secretario correspondiente, en cuya oficina, sus asistentes lo remitieron con nota de urgente al subsecretario responsable, cuyo secretario particular actuando de inmediato lo envió al director general que conocía de estos asuntos.

Su área de control de gestión, viendo que venía de arriba arriba, lo envió para su atención procedente al subdirector correspondiente. La secretaria del subdirector lo turnó a su vez al jefe de departamento responsable, con instrucciones de atenderlo de inmediato.

Como el jefe había salido a almorzar, Jacinto Peláez tomó el asunto para analizarlo.

Después de un rato y de comentarlo con varios compañeros, se les ocurrió que podrían hacer lo mismo que en el caso anterior donde unos talabarteros se quejaban de la falta de apoyo gubernamental para producir alforjas y pretinas, dado que los talabartes ya habían caído en desuso y la producción de sables y espadas iba francamente en picada.

Bueno, pues sugirieron entonces que se creara una comisión y una mesa de diálogo para buscar soluciones a tan delicado problema, sugiriendo que intervinieran otras dependencias para resolver eso sí, de una vez por todas, el problema de los paleteros que estaban atendiendo con tal urgencia.

Sugirieron también que se invitara a los gobiernos locales de los estados tradicionalmente productores de paletas, nieve, raspados y derivados.

Prepararon un oficio de respuesta y esperaron a que llegara el jefe para que le echara un vistazo y lo enviara a su subdirector.

Estaban a punto de ver este asunto cuando habló la secretaria del subdirector urgiéndolos a enviarle ese oficio, pues lo pedía con urgencia el subdirector, cosa que hicieron sin más.

Como el subdirector estaba en reunión con sus asistentes, la secretaria lo envió a la oficina del Director General, quien ya se encontraba con el Subsecretario esperando esta respuesta. Lo analizaron rápidamente, le corrigieron de forma algunos párrafos, la secretaria lo puso en papel de la oficina del Secretario y se lo remitieron al mismo para su acuerdo con el Presidente.

Alcanzaron al secretario en el auto y le entregaron el oficio, sin embargo, no pudo tener ese acuerdo, pues el mero mero mero estaba atendiendo a un grupo de mujeres tibetanas que venían en su gira de paz 2016-2019.

Entonces dejó el oficio en la oficina del jefe de la oficina.

Dado que el mero mero mero iba a tener una reunión con un grupo importante de inversionistas e industriales, los asesores incorporaron en la agenda la formación de esta comisión e incorporaron el rubro de paletas y nieves, junto con el de alforjas y pretinas en los sectores estratégicos de inversión.

Para el discurso que se leería, pusieron lo de la formación de la comisión, pues eso siempre merecía la atención de los medios.

Al día siguiente, los titulares de los principales diarios resaltaban. "Se forma la Comisión Nacional para el fomento de la producción y el consumo de paletas, nieves, raspados y derivados y su distribución a través de las cadenas de talabarterías en todo el país.

Para estos trabajos se autorizó un presupuesto histórico y la aportación de los industriales del ramo…

En su intervención, el mero mero mero, resaltó los trabajos realizados para alcanzar una solución satisfactoria para todos al grave problema que se venía presentando en estos ramos tan importantes de la economía y felicitó a su Secretario del ramo por tan atinada y oportuna gestión.

Al leer esto, Jacinto Peláez se dio cuenta que el origen de todo eso era el oficio que había preparado y que había dejado por error un párrafo del oficio de los talabarteros y bueno, resultó demasiado tarde.

Eso sí, probablemente les vaya mejor a los paleteros, por aquello de los subsidios y los apoyos que esta comisión les irá dando y de pasada otro empujoncito a los talabarteros no les caerá mal...

Finalmente era un asunto importante.

Por cierto, lo que pedían los paleteros era que no les subieran tanto las tarifas del agua y que los inspectores dejaran de pedirles mordida.

Moraleja: Las Burocracias pueden actuar muy rápido, sobre todo cuando no se trata de emergencias. La disyuntiva sigue siendo si queremos rapidez o precisión...

Acabo de leer hace unos días los entuertos para desaparecer del mapa a muchos fideicomisos públicos, porque según las malas lenguas, solo servían para malversar fondos, lo cual suena raro porque los administran Instituciones financieras que además de burocráticas son muy rígidas cuando se trata de disponer de fondos.

Lo extraño de todo esto es que pueden derivar en asignaciones directas para atender la pandemia y fortalecer el sistema de salud. Viene a colación esta observación porque uno de los fideicomisos con más recursos, ya era del sector salud, pues atendía los requerimientos del seguro popular.

No sé porque mucha gente desconfía de esta solución.

HAY DE COLAS A COLAS...

No sé si por haber perdido en nuestra evolución esa parte que ostentan todavía los mamíferos y que se le denomina rabo o cola, estemos condenados a tal fijación nosotros, los seres humanos.

Me refiero a la falta de cola y digo que es fijación porque la asociamos a muchísimas cosas de la vida cotidiana.

Pero claro, hay de colas a colas.

De muchos funcionarios y burócratas hemos oído que "tienen cola que les pisen", lo que quiere decir que en su momento siguieron el axioma político que asevera que el "que no transa, no avanza" o vivieron plenamente un año de Hidalgo de esos de fin de sexenio.

Ahora bien, en nuestro país no basta que se compruebe que la susodicha persona tiene cola que le pisen para que tenga alguna repercusión por sus actos, no, para nada, aquí se necesita que el acusado no tenga "palancas" o, dicho de otra manera, que no goce de los privilegios de impunidad que suele dar el poder político.

Cuando entras a algún sitio y no cierras la puerta detrás de ti, te suelen increpar que "tienes la cola muy larga", suponiendo que por esa razón no cierras la puerta tras de ti.

Pero de colas a colas, hoy es más famosa la guerra de las colas, que no sé bien si se refiere a un pleito de refresqueras o a un concurso entre vedettes para ver quién tiene mejor... cirujano plástico.

No cabe duda, sin embargo, que la madre de todas las colas es precisamente la cola que no la tiene, donde a fuerzas o dicho en latín "ad- ovum", tienes que chutarte horas de tu vida por ineficiencia, burocracia o por la estupidez organizativa o administrativa que impera en todos los ámbitos.

Claro que podemos considerar esos tiempos muertos como ofrendas (en señal de sacrificio) ante los dioses de la corrupción, de la improvisación y de la falta de criterio para resolver las cosas con eficacia.

Por otra parte, medirse por la cola es hacerlo al revés, utilizar cola para pegar ya es anacrónico y pegarle la cola al burro ya no interesa ni a los infantes retrasados.

Llegar con la cola entre las patas considera que estás al menos apenado o avergonzado por alguna causa.

Las mamás les hacen colitas en el cabello a las niñas y también les limpian la cola, no sé si cuando hacen "pis" o "pos".

Cuando bailas mueves la colita (A ver, a ver, a mover la colita, ...)

En matemáticas, las colas son un conjunto ordenado de datos o una estructura de datos con una secuencia de elementos (generalmente lineal) y la teoría de colas explica el comportamiento de las líneas de espera, (bueno, más o menos).

En algunas partes de Sudamérica existen concursos de colas, pero sólo ves puros traseros.

En los alcoholes destilados se desechan las colas y las puntas, que son alcoholes dañinos que se crean por efecto de la destilación.

Ir hasta atrás en la cola podría incluso ser un pleonasmo.

Bueno, a veces hacemos cola hasta para saludar a algún político o personaje renombrado o re-mentado como diría mi abuela.

Y también te tienes que formar para que te den la hostia.

Colarse en alguna parte es entrar sin hacer cola o sin tener boleto. Ser un colado es estar sin ser invitado.

Pero hacer 5 horas de Cuernavaca a México, sólo porque le urge a un burócrata mayor terminar su monstruo de solución al transporte en Insurgentes Sur, rompiéndole a colonias enteras la poca vialidad que tenían y terminando las cosas al ahí se va, sólo puede tomarse con resignación si no queremos terminar en el hospital con el hígado hecho trizas, con la úlcera perforada o con un episodio cardíaco peligroso.

Si el soporte de un paso de peatones quedó en el arroyo vehicular de x calle, pues cierra la calle, ¿no?, a quién demonios le interesa quienes pasan por ahí, que hagan cola en otro lado.

Y hay quien te dice: pero espera a que esté terminado, va a ahorrar mucho tiempo y eso, es una mentira del tamaño del planeta.

Sería verdad si los trazos de la Avenida Insurgentes hubieran sido planeados antaño o fueran regulares (Un amigo decía que no era la Avenida de los Insurgentes, sino la Insumida de los Avergentes), o si no existieran en Tlalpan la serie de callejones que atoran a cualquier vehículo mayor a un mini auto, o si se planearan los retornos conforme a los requerimientos de la población y no a los de algún influyente que de alguna manera pagó para tener su salida a modo, aunque para entrar tenga que hacer cola.

Pero no, esta obra en algunas estaciones incluso es apoteósicamente estúpida, con pasos peatonales absurdos por su tamaño y longitud, para acceder a la estación del Metrobús, que se supone es un transporte que apoya también a los incapacitados, que no sé por dónde subirán y bajarán con facilidad.

Ya sé que pusieron unos elevadores como de 1m2, pero alguien en silla de ruedas necesita ser atleta para subir y bajar las rampas.

Para acceder a esas estaciones tienes que subir el equivalente a casi tres pisos y recorrer unas rampas de unos 150 o 200 metros. A lo mejor es para el entrenamiento de nuestros atletas paralímpicos.

Para poner una de esas estaciones tuvieron que cambiar el

sentido de una calle, habilitar una especie de tobogán en Insurgentes por los desniveles existentes y readaptar una estación para que se pudiera dar salida a todos los que bajaban antes por la calle que cambiaron de sentido.

Obvio, ya no les dio el ancho de calle requerido para no entorpecer el flujo vehicular y entonces ahí hoy día se hacen colas interminables. Otro tipo de colas ¿no?

Un pequeño callejón que la gente utiliza como retorno se ve obstruido por un mercado sobre ruedas todos los jueves, así que los que quieren retornar por Insurgentes usando ese callejón tardan unos 20 o 25 minutos en pasar en días normales y los jueves unos 30 o 35.

Si te metes por algún otro callejón para salir un poco más arriba y regresar, está peor pues son de doble sentido o no se respeta el sentido que marcan los señalamientos cuando los hay, claro.

Se estacionan camiones, se estrechan las calles hasta quedar de un solo carril y si te toca alguien en contrario pues ya te fregaste, sobre todo si es el camión de la basura.

Cuando llegas a la calle donde puedes atravesar haces otros 10 minutos para pasar porque se congestiona la avenida gracias a que donde pusieron su mamotreto de puente peatonal y acceso a la estación, la gente se cruza como puede por debajo, a riesgo de tener un accidente.

No es ingeniería, es sentido común. Pero aquí sí es cierto que es el menos común de los sentidos.

En muchos tramos de la vía principal subsisten los autobuses o microbuses comunes y corrientes, por los trazos irregulares de calles y colonias en el área, con lo que se afecta la circulación.

Bueno, con decirles que el trazado del carril confinado es tan malo que de repente te topas con él porque pasa a ocupar el centro de la avenida, para dejar una vuelta a la izquierda dos cuadras adelante.

Si vieran que relajos se arman entre microbuses y autos para acomodarse a tal entuerto. Pero, en fin, ya nos acostumbraremos y haremos la cola respectiva para tomar el carril adecuado.

Brillante la improvisación.

Yo no sé si el que hace esos puentes y pasos a desnivel con todo y rampas para peatones tiene cuates en el Gobierno, pero sí que le compraron metros y metros injustificables.

Lo peor es que esto pasa en la ciudad de México, donde como ustedes saben, todo, absolutamente todo, se hace bajo una acuciosa planeación, (¿o no le creen a nuestras autoridades?).

El otro día me decían que cómo era posible que los semáforos no estuvieran sincronizados y claro que lo están; se equivocan quienes creen que algo así se le pasara a las autoridades de tránsito, burocracia excelsa por sus procedimientos.

Fácilmente puede verse que el 80 o 90 % de los semáforos están sincronizados, si no ¿cómo le hacen para que te toque alto en cada uno de ellos?

Pues claro que están sincronizados en rojo, pero lo están ¿no?

O que me dicen de la "atinada" asignación de policías para agilizar los cruceros.

Creo que en cuanto tránsito detecta que un crucero es funcional, que permite un flujo adecuado de vehículos y peatones, inmediatamente le asigna uno, dos o hasta más policías que luego luego se ponen a jugar "nintendo" con los semáforos.

Así le dan 4 o 5 minutos a una de las calles contra unos 30 segundos a la otra; se esperan a que exista un buen número de peatones hechos bola en la esquina para darles paso.

Luego luego se ve la habilidad de los peatones experimentados que torean autos y camiones con destreza y llegan sanos y salvos al otro lado, pues es común que a medio camino se cambie la luz del semáforo de improviso, pescando a los inexpertos en el apuro de cruzar la calle.

Entonces ¿qué sería de nuestras vidas sin las colas? Te levantas y haces cola para el baño, a menos que tengas más de uno, en cuyo caso vivirás la experiencia hasta que salgas de casa.

En auto, cola para incorporarte a las avenidas principales, cola para dar vuelta.

Cola en el estacionamiento, en el banco, en los restaurantes, en las oficinas, en todas partes, para pagar en el súper, para entrar al cine, para subirte a los juegos de Chapultepec o de Disneylandia o de cualquier parque de diversiones, es igual...

Cola para comprarte un café de esos de moda.

Las colas son sinónimo de orden, de cierto orden, nada más, pero la verdad es que no debieran de existir salvo que fueran estrictamente necesarias.

Ir a la cola de una cola es todavía peor sobre todo en las "coleadas" (Juego infantil que consiste en una fila de niños tomados de la mano que corren jalándose unos a otros y dando de repente una o varias vueltas cerradas para que se haga un efecto de aceleración a lo largo de la cola).

Si vas hasta atrás, por el incremento de velocidad inercial que se va dando, puedes salir disparado a estrellarte contra lo primero que encuentres.
En fin, descargas adrenalina.

Espero que no tengan que hacer cola hoy, pero si les toca piensen con indulgencia, tengan buen humor, ríanse de la situación, saluden a los policías de mi parte y denles recuerdos a la familia.

Yo ya estoy jubilado así que solo me toca la cola para lavar trastes.

Una sonrisa a veces no basta, que sean dos, o generen una cola de sonrisas y despáchenlas una por una, para que duren todo el día.

EL BURÓCRATA PREPOTENTE

Tener actitudes prepotentes y volverse prepotente, es cuestión de grado y a veces también de mala suerte.

"Ahora si es la mía", dijo para sí Jacinto Peláez, pues acababa de leer que el mero mero había nombrado a su gran amigo Lorenzo Rafael Cabrero del Monte, como "Secretario de Acciones Prioritarias Especiales para Combatir la Pobreza Extrema en Grupos Marginados cuya Vocación no Ajusta en el Modelo Neoliberal".

O sea, que le habían dado un huesote, donde iba a manejar mucha lana, prácticamente sin compromisos pues eran subsidios y luego, según había escuchado, entrarle a ayudar a los pobres, era buen negocio, así que se sintió ya del otro lado.

Aclaro que eso de ayudar a los pobres no es ninguna novedad en política, lo vienen haciendo desde hace cientos de años todos los gobiernos. Los pobres dejan mucho dinero a los ricos, si no vean a los aboneros, a Coppel, a Elektra, vean los supuestos programas sociales que sirven para desviar dinero.

Manejar la lana como subsidio permite además que no quede huella que no y que no..., pues el rastro se pierde en miles de tarjetas y padrones de beneficiarios ampliamente modificables y alterables.

Buscó de inmediato a su amigo, pero lo rebotaron una y otra vez: primero la que era su secretaria, Pamela Tirado, luego el nuevo secretario particular Lic. Serafín Cortés Cortés, después el ayudante de la secretaria privada, el ayudante privado del secretario particular, el asistente del jefe de escoltas y una vez la encargada de la limpieza.

Ya en el colmo del desaire, lo atendió el asesor de la asistente del coordinador de asuntos en trámite de la coordinación general de asuntos, adscrita a la secretaría particular de la secretaria privada, persona que de plano se hizo el occiso y lo mandó literalmente a donde suelen enviar a todos en un célebre estado de la república famoso por sus futbolistas, sus cantantes y músicos folclóricos, herederos de la más pura tradición ranchera y aquellos del barrio ese que no recuerdo cómo se llama.

Como paréntesis este célebre estado ya fue superado por otro del sureste, en razón de un rancho que se está haciendo famoso y a donde quieren mandar a uno que otro político.

Bueno, el caso es que ya habían pasado dos meses y del "gran amigo" ni sus luces, que si andaba de gira, que si lo había llamado precisamente el preciso en el instante en que estaba entrando su llamada y, pues nada, al fin de cuentas, nada.

Después de 5 meses y ya desesperado, se fue a buscarlo a su oficina, pero no pudo ni siquiera entrar: que tenían órdenes de no dejar pasar a personas que no tuvieran un asunto que tratar, que cual era el asunto, que aunque fuera su conocido no podían hacer nada, que ni siquiera intentara tratar de sorprenderlos con falsas influencias, pues eso estaba penado, que si ya había enviado por escrito su petición y así por el estilo.

Pura prepotencia.

Oiga y ya vio a Pita del Fuerte, le recomendó un joven que se compadeció de él, diciéndole, vaya a verla, verá que es a todo dar y Pita tiene influencia con el licenciado pues él dice que le recuerda a una tal Mamá María que fue su nana por allá en su remota infancia y créame que cuando llama Pita, la oyen; o sea, si Pita pita, como va lo atienden. (Bromearon con él).

Ya lo había intentado, pero sin resultados, incluso hasta le había llevado un regalito para quedar bien, pero nada. Yo creo que le caí gordo, les dijo lastimeramente, aunque sí se quedó con mi regalo.

Como último intento se fue de plantón a la casa de Lorenzo Rafael, la esposa, antes tan sencilla ni lo recibió. Lo atendió una persona del servicio que dijo ser el sargento Martínez, pero de los amigos nada. Le dijeron que la señora andaba de shopping en San Antonio.

Decidió plantarse ahí, para ver si llegaba su "gran amigo, su hermano, su compañero de mil batallas, su cuate desde la primaria", hasta que se presentó un policía judicial y se lo llevaron con cargos de posible intento de secuestro.

Como a los cuatro días salió ya del embrollo y bueno, cuál no sería su sorpresa al día siguiente. Iba caminando rumbo a su trabajo, cuando de repente lo llaman desde un automóvil y era nada menos que Lorenzo Rafael.

¡Quiubo!, le dijo, ¿dónde te has metido? no has ido a buscarme y ya se te han ido un buen de oportunidades, ¿por qué te me pierdes?, hermano, vente súbete para platicar.

En tres segundos dos agentes ya lo habían subido a la camioneta y se fueron juntos, hasta el aeropuerto, pues salía con el mero mero a una gira de trabajo.

Poco le pudo decir de que lo había buscado, de todo lo que le habían hecho, pues Lore, como le decía, se la pasó regañándolo, se le veía sentido de que ni siquiera una felicitación había recibido de su "hermano".

Jacinto le había enviado como seis, pero parece que ninguna le llegó.

Llegando al aeropuerto le dejó una tarjeta suya y le pidió a uno de sus ayudantes que le diera una cita para el viernes de la siguiente semana. Y trátenmelo bien ¿sí?

Uy, le dijo el ayudante, es usted muy afortunado, las citas que da son para dentro de tres o cuatro meses, depende. Qué lo conoce de alguna parte o qué. No pues crecimos en la misma cuadra, es casi como mi hermano, hicimos la primera comunión juntos, y su hijo Lorencito es amigo de mi hija Socorrito, con eso le digo todo.

Bueno pues lo esperamos por allá el otro viernes, no éste, eh, el siguiente.

Ah y pregunte por el Licenciado Cortés Cortés, para que lo atiendan como se merece.

Bueno, pues.

Ni cuenta se dio de que los autos ya se habían retirado, dejándolo en el aeropuerto sin un clavo para regresar. Ni modo, buscó un cajero para sacar dinero, pero no le habían depositado la nómina y no tenía fondos.

¡Chin!, sólo a mí me pasan estas cosas. Pues ni hablar, a pedir para el pasaje.

Afortunadamente, después de hora y media una señorita le regaló un boleto del metro.

Tuvo que transbordar unas cuatro veces para acercarse a su trabajo y poder irse a pie.

Llegó tardísimo, ya tenía falta y de plano ni lo dejaron entrar, así que le pidió prestada una lana a Genoveva la de la tesorería, para poder irse a almorzar y después a su casa.

Los días pasaron lento, muy lento, aunque en realidad pasaban como siempre, pero ya saben cómo se siente esperar algo que tarda en llegar.

"Me dejó una tarjeta y me pidió que lo fuera a ver en una semana y media, para platicar de un asunto importante", se repetía Jacinto una y otra vez, preguntándose de qué se trataría. Ora si van a ver, balbuceo al momento en que pasaba a ver a su jefe con los oficios para firma.

Finalmente llegó el día y Jacinto se trasladó con todo el tiempo del mundo a la Secretaría de Acciones Prioritarias Especiales y etc., la SAPE, como se le conocía en los medios.

Como en otras ocasiones lo detuvo el policía de la puerta y cuando le dijo que tenía una cita con el Secretario, le pidió su nombre, lo verificó en una lista y llamó a una extensión telefónica.

No habían transcurrido dos minutos cuando se apareció Pita del Fuerte saludándolo muy amable:

Licenciado, que milagro que nos visita, como ha estado eh, ya ni se acordaba de nosotros verdad.

No pues en verdad… se oyó decir Jacinto, no mucho.

Ya ve, le dijo Pita, pues qué mala cara ha visto por acá… Ándele, véngase conmigo. Dándole el brazo para que Jacinto lo tomara, salieron caminando más pausadamente.

En el trayecto Pita iba bromeando y también reclamándole: oiga, por qué no me dijo que era tan cercano al licenciado, caray don Jacinto, si viera como lo estima el licenciado…

¿De verdad? le preguntó Jacinto.

Uy sí, muchísimo, hasta dio instrucciones para que lo atendamos a cuerpo de rey, como se merece, mientras él llega.

Lo pasaron a una salita y apareció un mesero que le ofreció café, fruta y galletas.

Enseguida apareció el ayudante del secretario privado para informarle que su jefe le pedía unos minutos cuando saliera, para platicar algunas cosas. ¿¿??.

¿Como qué? preguntó Jacinto.

Pues realmente no sé, le contestaron.

Luego luego apareció la secretaria del ayudante del Lic. Cortés al cuadrado, para informarle que el Lic. había llamado y que ya venía en camino, que por favor no se fuera a desesperar.

Tres minutos después llegó el café, pero ahora lo trajo una edecán como de 1.80 de estatura, piernas muy largas que terminaban en una minifalda bastante pegada a las caderas y una blusa que era difícil no ver, sobre todo por el escote. ¡Qué bárbara!

La vio directamente a los ojos y, bueno, salir del embelesamiento tomó como 5 minutos y de plano ni había escuchado que Lorenita (la edecán) le preguntaba si apetecía azúcar.

Después de múltiples atenciones que le prodigaron, como a las dos horas de estar esperando, entró el Lic. Cortés Cortés.

Licenciado Peláez, qué gusto conocerlo, qué me cuenta, cómo lo han tratado, ya le ofrecieron café, o apetece algo más fuertesón ¿eh?

No licenciado, gracias, así está bien.

Caray, qué bola de lame suelas, pensó, exceptuando a Lorenita por supuesto, nada más supieron de la cercanía con Lore, "mi hermano", y ve, casi soy la estrella, ¿qué suave no?

Ya no tarda el licenciado; licenciado; disculpe la demora, pero estaba en una reunión muy importante con los líderes obreros y campesinos de varias regiones del país, junto con unos empresarios extranjeros y los asesores, pero ya no tarda.

A los pocos minutos lo pasaron a una oficina enorme y por allá en el fondo en un "escritoriote" como de tres metros, asomaba la figura de su gran amigo, sumido en un mullido sillón de piel al que le sobraba la mitad del respaldo; es un sillón que definitivamente le queda grande, pensó.

Caminó el largo trecho hasta el escritorio y casi sin levantar la vista, Lorenzo Rafael le dio un frío saludo que contrastaba con la efusividad cuando lo acompañó al aeropuerto.

Hola "Lore", le dijo.

Caray Jacinto, no me llames así, aquí soy el Sr. Secretario y por favor en público háblame de usted siempre. Déjame decirte que ya la regaste, ¿por qué andas diciendo que somos como uña y mugre?, eso me limita y me condiciona, no ves que andan rete payasos con eso del tráfico de influencias.

Ah caray, pero si me preguntó sólo una gente de tu confianza y no le dije mayormente nada, así que no pensé…bueno, pues discúlpame o mejor dicho, disculpe usted señor secretario, no volverá a ocurrir.

Bueno, de entrada, ya no voy a poder darte el puesto que quería para ti, pues ya me pidieron que lo ocupara con un recomendado de la familia real de no sé dónde, de una prima de una tía de un senador y del dueño de la fábrica de panes y pasteles "El Pastelote". Y a mí me conviene tenerlo cerca para quedar bien con todos.

Lo que sí puedo hacer es nombrarte para que coordines el programa de "Fuentes Renovables Agrarias, Costeras, Alteñas y Someras para el Acceso Rápido de Organizaciones Nativas" que estamos próximos a lanzar, nada más que necesito que platiques con mi secretario privado para que te pongas al corriente y te amplíe la información sobre la chamba.

Se trata de combatir la pobreza en grupos marginados cuya vocación no es ni agrícola, ni industrial ni nada, vamos, sólo son pobres.

Dicho esto se paró y luego luego se despidió, enviándole eso si saludos a toda la familia, saludo que correspondió Jacinto de la misma forma, sin alburear a Lorenzo, como antes lo hacía.

Ya no pudo decirle más ni preguntarle nada. Sólo un adiós que no sería un hasta luego. Apareció de nuevo la edecán, quien se hizo cargo de llevarlo con el secretario privado.

Que tal, don Jacinto, le dijo. Ya está más tranquilo después de hablar con el licenciado ¿verdad?

Pues sí, más o menos, aunque no me precisó nada del puesto, de qué tengo que hacer, en fin…, no sé si usted sepa algo.

Si claro, para eso quiero hablar con usted. Mire, conseguimos un presupuesto inicial de 450 millones, pero la mayoría se va a utilizar en la compra de tractores, maquinaria para agroindustrias y servicios de asesoría, que ya están comprometidos y es de lo que quería hablarle, necesitamos que platique usted con Espiridión López y Edelmira Pacheco, para que se adquieran los tractores y la maquinaria de ya, porque el mero mero los quiere entregar el próximo mes durante las celebraciones patrias.

Así que en cuanto tenga su nombramiento, necesitamos que haga los pedidos a la empresa distribuidora de los tractores "La Biela en el Surco" que ya fueron probados con éxito en otros países y aquí urge dar resultados Don Jacinto.

Óigame Licenciado, qué no es necesario hacer concursos y pedir autorizaciones y todo eso.

No mire, los fondos son en fideicomiso y hay capital privado de organizaciones sin fines de lucro que nos están asesorando, así que va directo.

Oiga y cuanto personal voy a tener en el programa.

No, cuál personal, el programa se opera con gente de la secretaría, de las diferentes direcciones generales que tienen que ver con esto. Usted nada más administra el fideicomiso.

Bueno Don Jacinto, necesito atender otros asuntos, así que lo esperamos mañana como a las 10:30 para darle posesión...

Diciendo esto volvió a aparecerse la edecán y lo acompañó hasta la puerta.

Jacinto se quedó tan preocupado que ya ni coqueteó con Lorenita, vamos, ni el teléfono le pidió.

Pobre Jacinto, no entendía nada de nada, se le hacía muy raro todo eso del programa y del fideicomiso.

Se fue a casa algo apesadumbrado y le platicó a su mujer, quien de inmediato le dijo: Ah que güey eres y tú ¿cuánto te vas a llevar?

A llevar de qué, vieja.

Pues de los tractores, de la maquinaria, de los asesores, pues de qué más, ni te dijeron cuál es el sueldo, así que yo creo que se trata de que de ahí cobren todos, ¿o no?

Chin, con razón hasta el nombre del programita ese me cayó gordo, bien largo y enredado, fíjate nada más el nombrecito y le leyó:

Programa "Fuentes Renovables Agrarias, Costeras, Alteñas y Someras para el Acceso Rápido de Organizaciones Nativas"

Oye viejo y ya te diste cuenta que la prensa luego luego lo va a abreviar y por la siglas quedaría algo así como "F.R.A.C.A.S.A.R.O.N., pues ¿a quién se le ocurrió el nombrecito tu...?

Ya ni me digas vieja, creo que mejor ni me meto en esto, por más que esté Lorenzo hasta arriba ya ves que luego se lleva uno sorpresas.

No durmió en la noche dándole vuelta a todo esto, pero decidió finalmente no aceptar ese puesto que le daba su gran amigo, casi su hermano Lorenzo Rafael Cabrero del Monte.

No asistió a la cita, pero por la tarde trató de hablar con el Lic. Cortés al cuadrado y con Pita del Fuerte, pero ninguno le tomó la llamada.

Preguntó por Lorenita, pero andaba de gira con el Licenciado y llegaría hasta el viernes.

En fin, con el tiempo se resignaría y ya vendría otra oportunidad, pero mejor, más digna y decente desde luego.

Justo al mes de estos sucesos, leyó Jacinto en los diarios:

" El mero mero entregó 1000 tractores a los beneficiarios del programa FRACASARON, instituido por la SAPE para combatir la pobreza extrema en las zonas vulnerables de nuestro país, bromeando, el mero mero le comentó al secretario que ojalá no tomaran en cuenta el nombrecito que la prensa ideó para este programa tan importante de su administración. Llámenlo por su nombre completo, yo se los pido, aunque les cueste más trabajo, les dijo..."

En una nota más pequeña, en una columna de opinión del diario se leía que existía una protesta de los beneficiarios del programa FRACASARON, pues les estaban dando tractores que no servían para nada y que no era a lo que se habían comprometido en la SAPE y acusaban al Secretario de malversación de fondos públicos.

La Secretaría de Revisiones Punitivas (SRP) declaró que investigaría el caso y que, como siempre, se llegaría hasta las últimas consecuencias, sin precisar cuáles serían éstas, aunque se les cuestionó insistentemente.

¡Pinche Lore!, exclamó en silencio Jacinto, ahora sí resultó hasta rata...A ver si no te metiste en un lío, quién te manda por prepotente.

No mucho tiempo después, como a los seis meses, lo revolvió una noticia escalofriante:

Decía algo así: "El día de ayer el mero mero cesó al Secretario de la SAPE, (con un "zape"), buscando reorientar las acciones de sus programas de impacto social y para atender con celeridad los rezagos que históricamente ha tenido el país en esa materia, por lo cual pidió perdón a todos acusando a los gobiernos que se la habían pasado promete y promete...

Aclaró que había recibido múltiples denuncias sobre los tractores que había repartido unos meses antes.

La mayoría estaban descompuestos y no existían refacciones ni talleres en el país para esa marca, por lo que había ordenado una investigación exhaustiva para deslindar responsabilidades pues él mismo había sugerido que se utilizaran los tractores de "Diesel Power", que tenían fama mundial y no esos que compraron que ni siquiera sabía de donde se importaron.

Informó también que instruyó al nuevo titular de la SAPE para que a la brevedad se sustituyeran esos tractores."

En una nota más pequeña, signada por el articulista estrella del diario se leía:

"Todo parece indicar que se acabó la tolerancia hacia los abusos de los hombres del poder; el escándalo en torno a la compra fraudulenta de tractores de una marca desconocida para el programa FRACASARON llevó a la substitución del Secretario abruptamente, fuentes cercanas informaron que lo que más causó molestia hasta arriba, es que ya se habían elegido tractores de Diesel Power y no de la marca BeeS de "La Biela en el Surco", desconociéndose por qué el secretario cambió la elección, ignorando las órdenes de su jefe".

Días después apareció otra nota diciendo "Lorenzo Rafael Cabrero del Monte, ex secretario de la SAPE se encuentra prófugo.

La SRP presentó denuncia por presuntas irregularidades en la aparente compra de los dizque tractores que supuestamente serían usados por los prestanombres de los beneficiarios del programa FRACASARON.

Por otra parte, la SRP sugirió al nuevo secretario cambiarle el nombre al programa por el de Operaciones de Riesgo para Apoyo Significativo a los Indigentes".

En otra nota días después se decía: "El nuevo director del programa ORASI, Anacleto del Toro, informó que la dependencia a su cargo había ordenado la compra de 1000 tractores de la marca "Diesel Power", atendiendo a las indicaciones del mero mero de resolver la crisis que se recrudecía en todas las zonas marginadas..."

La población marginada protestó a los pocos días en una manifestación con enormes mantas que decían "Los tractores no se comen" queremos maíz, frijol y chile (jalapeños o serranos, o de árbol, habaneros no).

La gente avanzaba gritando consignas contra el ORASI; cantando "No que ora sí, pues ora no" repitiendo y repitiendo hasta el hartazgo la misma tonada.

Jacinto buscó a Lorenzo a sabiendas que no lo encontraría, pero qué curioso, su esposa ahora sí le tomó la llamada, pidiéndole que ayudara a su esposo en lo que pudiera, por el difícil trance por el que pasaba...

Jacinto le dijo que sí, pero no le dijo cuando, pues de zonzo se mete entre las patas de caballos tan finos...

Los altos funcionarios públicos y privados cuando caen en desgracia, independientemente de su nivel de deshonestidad, suelen ser víctimas más de su propia prepotencia que de las circunstancias.

En cuanto tienen cierta autoridad aparecen los primeros síntomas con actitudes de prepotencia, empiezan a sentirse "paridos por la virgen", como decía mi abuela y esto es porque todo mundo a su alrededor aprueba, festina y magnifica cuanta idea, conclusión, decisión o comentario salga de su boca, aunque sea una tontería, un error o de plano una pendejada.

Al tratar entonces a este "ejecutivo", algunos se pondrán de tapete, otros buscarán complacerlo con detalles y regalos, otros más se dedicarán a expandir y publicitar la importancia de tal ser de luz llegado a esta tierra para dirigir nuestros destinos con el sacrificio constante de su persona en bien de la sociedad.

El funcionario o ejecutivo en cuestión comienza a creer que es cierto, pues todo mundo entiende lo que quiere lograr, todo mundo le dice ¡sí, señor, como usted ordene!

En fin, comienza a creer que dirige estupendamente, pero cuidado, en el camino comenzará a desarrollar una prepotencia atroz.

Esos grupos burocráticos que lo "entronizan" serán los primeros en arrojar las piedras cuando se trate de lincharlo.

Han acomodado las cosas para que el jefe diga qué y ellos vean cómo le hacen para que resulte, llevando el agua que pueden a su molino.

Mantener los pies en la tierra resulta para algunos de estos "iluminados" prácticamente imposible.

En sus monólogos interminables comienza a verse la autocracia, la intransigencia, la terquedad, la insensibilidad y en sus acciones cotidianas su ineficacia y su mediocridad.

Cualquier parecido a las mañaneras es pura casualidad pues esta crónica la escribí mucho antes.

Si asciendes en cualquier burocracia, evita volverte prepotente, entiende que las más de las veces toda esa corte que surge de la nada sólo busca servirse de tus "favores", de tus limitaciones y de tus debilidades.

En general, desde muy abajo se dan las actitudes prepotentes (los policías, los empleados de ventanilla, los porteros, las secretarias por ejemplo) y éstas se responden con contrapesos también de prepotencia (le digo a tu jefe, "saco charola", te denuncio…).

Muchos burócratas se marean subidos en un tabique.

Casi diría que las actitudes prepotentes están muy extendidas, nada más que en las esferas de abajo no son tan dañinas.

Pero las mismas actitudes en las personas que sí tienen poder real, que pueden ser en verdad prepotentes por los resultados de sus acciones, de sus decisiones y de sus órdenes, que abusan de su condición, derivan en una práctica deleznable que a la larga tiende a polarizar cualquier vínculo social entre quienes alcanzan cierto nivel de poder y quienes no lo tienen.

Mala cosa...

MODERNIZACIÓN A LA MEXICANA

El caso que platicaremos es ficticio y desde luego se describe en términos muy generales.

Sin embargo, decidí publicarlo pues en la realidad vemos resultados similares y conflictos también, generados equivocadamente por decisiones mal tomadas.

Vá:

> Jacinto Peláez recibió la orden de instrumentar el nuevo procedimiento de atención a usuarios, utilizando el concepto de ventanilla única que, junto con la unifila, acortarían el tiempo en que se realizan los trámites a una tercera parte.
>
> Según el estudio de mejora regulatoria elaborado por el grupo de trabajo de reingeniería y control de calidad, explicaba Abundio Chagoya (alias el muelas), con el uso de las terminales y del nuevo "Sistema Integral de Información y Gestión Transaccional Automatizada (SIIGETA) residente en un servidor central del tipo "nonstop", con 38 procesadores en paralelo.
>
> Esto permitiría ser súper eficientes en el trámite, pues al

recibirse las solicitudes en las ventanillas de usos múltiples, se digitalizarían y electrónicamente serían turnadas al área que tiene que resolverlas para que en un tiempo máximo de 30 minutos emita el documento correspondiente.

El personal ya había recibido capacitación en el uso de las terminales y un curso teórico-práctico para la atención de cada trámite; se contaba con los manuales de usuario, con guías rápidas de los pasos necesarios para cada trámite y se tenía una ayuda en línea para auxiliar a los empleados de cada ventanilla.

Así que según Chagoya todo estaba listo y fue por eso que Cándido Inocencio de la Reguera, Subdirector de Trámites, acordó con el Licenciado Nicanor Mass de la Madrid, Director General Adjunto de Servicios a la Población arrancar el nuevo procedimiento.

Jacinto Peláez no estaba de acuerdo, pues lo querían hacer en una mala época, con mucha demanda y era más aconsejable esperar un mes para asegurarse que todo funcionara correctamente.

Sin embargo, el Subsecretario se había comprometido en una reunión de gabinete a que el nuevo proceso estaría listo en una semana y media y por eso ya no había forma de cambiar la decisión.

De nada valió que les dijera que podía pasar como con las licencias de conducir, que ya ven el desgarriate que se armó y luego ni siquiera tenían los programas para hacer las nuevas licencias y bueno, parece que tardarán unos dos meses o más mientras hacen la licitación del nuevo sistema y solucionan todo el problema.

Total, en lugar de licencia puedes exhibir una copia del documento del trámite que evidentemente no reúne las características de seguridad que dicen tendrá la nueva licencia, mucho menos la información del "chip", pero bueno, qué más da ¿no?, tendrás que dar mordida y ya.

El Secretario salió en la TV en un noticiero de esos NTP (Noticiero Todo Pagado) anunciando que ahora si se resolvería el problema de los trámites con la dependencia gracias al nuevo sistema (el SIIGETA) diseñado por una firma alemana que lo vendió al gobierno aparentemente a través de una licitación pública internacional.

Fue por ese proceso que Chagoya se ganó el apodo de "el muelas" pues tuvo un comportamiento francamente a favor de los alemanes, aunque eso no influyó mayormente en la decisión pues el sistema alemán fue recomendado por el propio Secretario, según informó el Subsecretario, quien lo vio funcionando en una gira internacional por Europa.

Es más, el propio Secretario contrató a una firma de asesores para que evaluaran productos similares y coincidieron en recomendar éste específicamente. Incluso esa firma se encargó de hacer las bases y casi casi de organizar el concurso.

Ha de ser muy bueno este sistema, decía incluso Malpica. El jefe de contabilidad: Sóstenes Partida Partida pensaba que al contabilizarse automáticamente cada operación, podría mejorar los tiempos que ocupaba actualmente para los cierres contables, aunque no había podido probar ese módulo, pues aún estaba en alemán (o más bien en chino), porque sí estaba traducido pero Partida (doble) no le entendía y no había podido generar la prueba que le solicitaron y menos con el cierre del mes encima.

Como había escasez de personal, le pidieron a Zoila Pucha y a Socorrito Cachón Dávila que auxiliaran a Jacinto durante el arranque del sistema. Malpica y Zoila se fueron juntos para darle una repasada final a la tarea, o sea a los manuales, por supuesto.

Finalmente llegó el día. Jacinto fue el primero en llegar, muy temprano y pudo ver que había poca gente, se tranquilizó un poco y puso un letrero en la entrada anunciando el nuevo dispositivo para agilizar los trámites.

Después fueron llegando los demás. Zoila y Juan Nepomuceno Malpica al último, pues aparentemente estuvieron repasando el procedimiento toda la noche. Por cierto que luego luego lo alburearon ofreciéndole ayuda para la tarea y cosas así.

A Zoila y a Lupita, la de la ventanilla 3, que "no cantaba mal las rancheras", decidió colocarlas en la entrada para vigilar que la cola avanzara rápidamente y aclarar las dudas de los usuarios.

Reunió aparte a todo el personal y lo único que le reportaron como anomalía es que habían tenido dificultad para arrancar el sistema.

Básicamente que estaba "muy lento"; trató entonces de averiguar en informática qué estaba pasando, pero no habían llegado, pues se habían retirado prácticamente al amanecer. Ahí los días normales son la excepción, pues siempre están con bomberazos.
De la Reguera tampoco estaba y ya era hora de abrir así

que se persignó y ordenó que permitieran el paso del público.

Híjole mano, parecen vacas, mira nada más, les están diciendo que con orden y todos quieren llegar primero, pos para qué si es fila única dijo Malpica, al tiempo que pedía al público que se formara "detrás de la raya".

Al poco rato la gente empezó a atorarse pues primero algunos y luego más, se paraban para platicar con Lupita o con Zoila y les preguntaban que si sus papeles estaban correctos, que si debían tomar ficha y otros, los varones sobre todo se interesaban más por su horario de labores y casi casi por saber a qué horas iban por el pan.

Entonces mandó rápidamente a Juanito Peralta y a Malpica, para que apoyaran sobre todo a Zoila, pero también a Lupita. Como estos no se ponían de acuerdo en la forma de hacer pasar a los usuarios, se empezó a formar una cola mucho mayor.

Pasado un rato, Jacinto empezó a escuchar algunos gritos y se acercó para ver qué pasaba, encontrando a Malpica peleándose literalmente con un usuario, pues según él le había faltado el respeto a Zoila. Como pudo apaciguó los ánimos y regresó a ver cómo estaban avanzando las ventanillas.

Adentro la unifila empezó también a atorarse y le reportaron que lo que pasaba era que el sistema se había alentado aún más que en la mañana, con las operaciones que llevaban tardaba ya varios minutos en responder.

De repente apareció el "chicho" Zebadúa más para burlarse creo: como lo habían corrido hacía unos meses, sólo vino a molestar. Sin embargo, como era cuate de todos se ofreció a ayudarles, a lo que Jacinto se opuso, pues resultaría ilegal.

Por ahí de las 12 del día salió el documento del primer usuario en la cola, más que duplicando el tiempo en el que se hacía todo el trámite con el procedimiento antiguo.

Lo malo es que el segundo documento tardó otros cuarenta y cinco minutos y el tercero como una hora más.

No, "pos" vaya mejora, se me hace que salimos de Guatemala para entrar a "Guatepeor", como diría mi abuela, comentó Jacinto a Socorrito, quien estaba ayudando a digitalizar documentos.

La razón de todo esto, según supo después, fue que los operadores de las terminales digitaban muy lentamente, además de que habían considerado solo un escáner por cada tres ventanillas de usos múltiples; luego las estaciones que recibían los documentos digitalizados tenían problemas con la calidad de la imagen y costaba mucho trabajo revisarlos, teniendo que recurrir a los expedientes en papel.

También en algunos casos llegaban documentos a estaciones equivocadas, por lo que tenían que revisar los manuales y enviarse con un procedimiento especial, que sólo tenían los supervisores (Agripina Rosales y Ruperto Casilla), a la terminal correcta.

¿Y eso que habían probado el sistema eh? Comentó airadamente Zebadúa que seguía ahí, nada más enchinchando.

Afuera la cola ya daba la vuelta a la manzana, cientos de personas, ya iracundas empezaron a crear disturbios, pues veían que no podrían realizar su trámite.

El NTP del mediodía estaba entrevistando por la TV a una señora que estaba verdaderamente molesta, tanto que su contestación se oía más o menos así:

"es que no es justo que estos piiiiiiiiiiiiiiii burócratas nos arruinen todo el piiiiii dia hijos de la piiiiiiiii, no tienen piiiiiiiiiii y eso sacamos por tener puro piiiiiii en el gobierno, la verdad que piiiiiiiiiiii a piiiiiiiii piiiiiiiii".

El reportero, más sereno, informó que habían llegado ya los granaderos para evitar que aquello se saliera de control; situación que más bien provocó cinco heridos y cuatro arrestados por agresiones a la autoridad.

No bien estaba pasando esto al aire, cuando llegó de la Reguera apuradisimo a ver qué piiiiiiiiiiii estaba pasando. No podía dar crédito del caos que existía ya en esa oficina, al grado que tuvieron que cerrarla y darle a los usuarios que quedaron dentro la opción de concluir su trámite manualmente o bien proporcionarles una contraseña para que volvieran en una semana, ya sin formarse, a realizar su trámite.

Desde luego el contar con el nuevo documento les ofrecía mayor seguridad, pero podían expedirles el antiguo con una validez de tres meses y canjearlo por el nuevo en sus hogares, vía mensajería especializada.

Ya ni la piiiiiiiiiiii. Con un silbido uniformemente acelerado durante dos minutos que concluyó con las célebres notas del tata-tatata, tomaron todas las solicitudes recibidas y a darle con el antiguo procedimiento.

Por la tarde se presentó Eleuterio Fiscal Morales, subcontralor de responsabilidades de la Contraloría y se puso a levantar actas a diestra y siniestra, pues traía órdenes de "actuar con firmeza " contra los servidores públicos responsables de tal desvergüenza.

Después de levantar 47 actas administrativas utilizando las terminales operativas, se retiró para analizar que procedía hacer.

Llegaron a la dependencia y a la contraloría unas 1300 quejas y denuncias que nada más para atenderlas, se llevarán unos siete meses, más los procedimientos que se van a derivar, otros seis mínimo, pues lo quieren rápido.

El Secretario quería a los culpables y exigía que se les aplicara todo el rigor de la ley. Por ahí, solo un conductor en el NTP de la mañana siguiente se atrevió a preguntar al Subsecretario por qué si no estaba todo bien armado, dio la orden de que se implantara.

Además de las excusas tontas de siempre, éste involucró también el argumento de que pudo existir sabotaje pues los equipos no funcionaban bien, y no era un problema de performance, a lo que el comentarista preguntó si se refería a alguna organización terrorista o a qué y este señor le contesta con la peregrina idea como diría mi abuela, que son "burócratas inconformes incrustados en la dependencia" que además son inamovibles porque son sindicalizados y ¡zas! que se suelta a despotricar contra sus empleados.

Al poquísimo tiempo habló el líder de la Federación de sindicatos de trabajadores para exigir que el Subsecretario presente pruebas o se desdiga públicamente, a lo que el otro quedó de regresar en una semana con toda la evidencia.

Ante la queja de la federación con el Presidente, tuvo que intervenir el titular de Trabajo y el de Gobernación, pues amenazaban con cerrar todo el centro y las principales avenidas.

El conflicto subió de tono cuando los sindicatos independientes se unieron amenazando con irse a la huelga.

Ordenaron de inmediato al contralor iniciar una auditoría "de desempeño" a toda la Dirección General de Trámites, con énfasis particular en las causas que originaron el mal funcionamiento del proceso de la ventanilla única, independientemente del curso de las investigaciones que se habían abierto.

Habían pasado casi 10 meses. Gobernación y Trabajo siguen discutiendo con los sindicatos, los expedientes de responsabilidades van ya en más de 15000 fojas y faltan un sin número de actuaciones, la auditoría se tuvo que ampliar al proceso de adquisiciones y todavía no concluye, pues de las 128 observaciones que tienen levantadas no se ha podido ni siquiera realizar la confronta respectiva; además de que de ninguna de ellas se deriva claramente una responsabilidad.

Lo que sí es que se sospecha que hubo mano negra del subsecretario en la licitación, pero no le han podido probar nada. A la firma alemana le aplicaron sanciones y penas convencionales por no concluir "adecuadamente" el sistema y se está pensando en demandarlos por daños y perjuicios.

De hecho ya no pueden venderle nada al gobierno, están inhabilitados.

El chicho Zebadúa fue recontratado por honorarios para hacerse cargo del trámite manual durante el tiempo que durara toda esta investigación.

Del nuevo sistema ni quien se acuerde, pues ahora, con la llegada del nuevo Subsecretario se está analizando la posibilidad de realizar todos los trámites a través de internet, tal como lo vio en una gira por Nueva Zelanda y Papúa, en Nueva Guinea. No saben qué impresionado regresó el licenciado de este viaje.

El servidor que se tenía previsto para acelerar los trámites, parece que se va a usar ´por lo pronto, para almacenar correos electrónicos, pero no se tiene claro qué es lo que debe guardarse y qué no.

De hecho, finalmente, no pasó nada, como en cualquier burocracia.

– Casi al cumplir el año, me encontré a Jacinto Peláez, quien me comentó rápidamente que ahora si se acogería al retiro voluntario, aunque amenazaba con eso cada año, así que no le creí.

Por ahí cuando se tenga alguna noticia de todos estos procedimientos (auditorías, investigaciones y demás), tan efectivos para mejorar los procesos y sobre todo el desempeño del personal, les prometo comentarlos.

Las cosas no parecen haber evolucionado mayormente a través de los años.

Hoy seguimos padeciendo compras urgentes sin licitaciones, con oscuras decisiones que favorecen, miren ustedes qué curioso, a las nuevas elites asociadas al gobierno. Desde hace años no se ven obras concluidas en tiempo y bajo presupuesto y eso seguirá siendo muy grave, no importa qué tipo de cambios se quieran realizar.

Que poca no, como diría mi hija.

VOLVER AL FUTURO... PERO SIN BUROCRACIA

Durante 51 años trabajé tanto para empresas privadas como para el sector público. Tuve cientos de colaboradores, de los que aprendí muchísimo. Creo que gracias a ellos pude concretar proyectos que parecían inalcanzables. También me tocó vivir el desencanto de cómo nuevas administraciones echaban literalmente a la basura esos y otros logros.

La burocracia y sus actores merman en el ánimo de los trabajadores del gobierno que las más de las veces tienen que aguantar la prepotencia, la ignorancia y la ineptitud de los jefes que les imponen. La improvisación, las ocurrencias, la inexperiencia de los mandos se traduce en deficiencias que suelen ser muy graves.

Los tiempos actuales son difíciles, lee uno los diarios o ve las noticias en televisión o las escucha al menos y sólo puede uno imaginarse estar viviendo en ese mundo paralelo que vimos todos en VOLVER AL FUTURO II, cuando se crea una realidad alterna gracias a la existencia de un almanaque con todos los resultados deportivos que Biff anciano, aun siendo torpe, le roba a Marty.

Transporta ese almanaque desde el futuro hasta 1955 y se lo da a sí mismo, razón por la que al regresar del futuro a 1985, Marty y Emmett se topan con este mundo paralelo, donde el poder lo ostenta Biff, personaje nefasto, bravucón de la escuela, mediocre a pulso, que conoció lo que era hundirse en el estiércol e incluso probarlo.

En esa realidad alterna se muestra cómo es el gobierno controlado por el multimillonario Biff: pésimamente administrado, donde la represión impera, al igual que las drogas, la corrupción, la impunidad y por ende la descomposición social: robos, secuestros, asaltos, inseguridad, etc.

¿Nada que se parezca a las situaciones que vivimos?

En la película todo se arregla cuando después de una emocionante persecución en 1955, Biff termina en el estiércol nuevamente y Marty logra quemar el famoso almanaque.

El tema de volver al futuro, de las tres películas me refiero, ha seguido presente en los últimos años en mi vida.

Claro que no creo que la situación actual se resuelva de forma tan sencilla, tampoco quiero decir que deseo regresar a 1955 o cosas así, pero he recordado estos juegos cuánticos porque de repente se me aparecen personas, amigos de épocas distintas, en un número importante y en breves lapsos de tiempo.

Nada menos acabo de toparme la semana pasada navegando en Internet a un colaborador y amigo del que no sabía nada desde hace por lo menos unos 40 años.

En la línea del tiempo, la causalidad que siempre nos enseñaron es que tu presente es resultado de tu pasado, esto es: la causa, "X" de tu pasado; el efecto, "Y" de tu presente.

En otras palabras, lo que siembras cosechas, el que mal anda mal acaba, el que con infantes pernocta, exonerado lo sorprende el alba, crustáceo abandonado en los brazos de Morfeo es arrastrado por las ninfas de Neptuno, árbol que crece torcido... etc., etc.

Pero qué pasa si prestamos atención a algunas teorías interesantes que señalan que, en realidad, tu presente es resultado de tu futuro, así como tu pasado lo es de tu presente.

¿Qué, qué?

Bueno, todo es cuestión de percepciones, pues esta teoría parte de que, al ocurrir un hecho, cualquier cosa en la realidad, nuestra mente lo interpreta y percibe de cierta manera, única para cada persona, pues la percepción depende de tu propia experiencia personal, de tus conceptos del mundo que te rodea, de tus capacidades y habilidades, de tus valores, etc.

Entonces el pasado ya es una interpretación que hace nuestra mente en el presente y dependiendo de qué ocurra en el presente, de qué tantas capacidades, habilidades y comportamientos hayamos adquirido, al recordar un "hecho" del pasado, realmente lo estamos interpretando con nuestra personalidad de hoy, por ello nuestra percepción del pasado depende totalmente de nuestro presente.

Pero ¿nuestro presente depende del futuro? Sí, si somos capaces de imaginarnos en el futuro. Si tenemos una imagen vívida de cómo seremos, que haremos, donde estaremos, etc., dentro de equis años, entonces sabemos qué capacidades, habilidades, comportamientos y demás debemos empezar a generar o a tener hoy y actuamos en consecuencia.

He ahí las diferencia, pensar de este modo nos permite actuar en el presente; pensar del otro modo no, pues estamos únicamente interpretando nuestro pasado y por más que queramos desarrollar nuevas acciones, no lo lograremos a menos que tengamos una visión de qué queremos y sobre todo, la expectativa de lograrlo.

Sólo podemos actuar en el presente y si esas acciones consideran y se enfocan al logro de resultados identificados en nuestro futuro (las cosas que queremos), tenemos una alta probabilidad de que ese futuro incierto se convierta en hechos.

Cuando nos atamos al pasado y actuamos como consecuencia de la interpretación de "hechos" o resultados obtenidos antes, generalmente no obtenemos las mismas cosas, los mismos resultados.

En este sentido al actuar con pautas del pasado llegamos a un futuro que no suele ser el que queríamos lograr.

Podrías decirme que la experiencia del pasado condiciona cómo actuamos en el presente, pero si esto siempre fuera así, repetiríamos exactamente los mismos patrones, no cabría nuestro desarrollo, creeríamos ciegamente en que somos el único animal que se tropieza dos veces con la misma piedra.

Bueno, en fin, hasta seguiríamos creyendo en los partidos políticos y en la honradez de sus integrantes, en la buena fe de los gobernantes y en que verdaderamente se están "sacrificando" en aras de los más necesitados, de los que menos bla, bla, bla.

Si estamos actuando de la misma forma ¿caeríamos dentro del postulado ese que dice "si haces las mismas cosas obtendrás los mismos resultados"?, realmente no es así, y nos sorprenderá que no lleguemos a ellos.

Repetir una pauta no necesariamente te lleva a lo mismo y la razón es muy simple: como hemos evolucionado y sólo podemos actuar en el presente, podremos imitar un comportamiento pasado, pero no será igual, ni estará en el mismo contexto, ni se referirá a la obtención de los mismos resultados, entonces las expectativas de cada individuo, esto es, sus deseos y propósitos futuros, serán los que realmente guíen la acción.

Y si la ley de la atracción funciona como parece funcionar, estaremos alcanzando los resultados deseados sin duda.

En unas pocas semanas y yo diría que sin que viniera al caso, literalmente me topé con compañeros y compañeras de muchos años, de diversas épocas y de diversos contextos y escenarios.

No sé si a ustedes les habrán pasado estas cosas, pero a mí sí y frecuentemente, casi diría que una vez por año me ocurren cosas así, lo curioso es que ocurren en un breve lapso y después desaparecen, hasta la siguiente vez.

Así, en el transcurso del último año, me he topado primero con dos compañeros de la universidad, de hace 45 años, poco después con un compañero de secundaria del que no sabía nada desde hace casi 50 años, después con tres ex colaboradores míos de hace 30 años, luego con otros dos más de hace 25 años y con 5 de hace 17 años, finalmente con dos de hace 14 años y tres más de hace un año y medio.

Todos ellos sin contar a mis amigos del kínder a quienes veo al menos una vez por año y a tres llamadas que recibí también de excolaboradores en busca de oportunidades de empleo.

Todas estas casualidades son para mí, sin embargo, muy importantes, pues independientemente de que es muy agradable encontrarte con amigos de tantos años, en la experiencia reúnes nueva información para "volver al futuro".

Conoces de las experiencias de todos ellos, aportadas sin ambages, sin reticencias.

Sigo aprendiendo, no me cabe la menor duda y nutriendo mi existencia con estas amistades que a lo largo de mi vida han persistido y regresan de repente como para checar que todo vaya bien.

Todas estas personas tienen aparte un denominador común, también son antiburocráticos, en su desempeño han logrado éxitos relevantes, se mantienen activos mentalmente y abiertos a su propia evolución.

Todos ellos fueron y siguen siendo factores de cambio donde han colaborado.

Lo curioso es que si algo ha distinguido también mi trabajo es el cambio, cambio permanente que implica evolución.

La primera vez que besé a una mujer, hace ya 56 años, se iniciaron los cambios para mí. El 25 de junio de 1964, empecé a cambiar teniendo casi 20 años.

Mi padre había fallecido y necesitaba evolucionar y rápido, adecuando una gran parte de mi vida a las nuevas situaciones.

Casi de repente de adolescente a hombre con múltiples responsabilidades, asumí el reto y esto me llevó a la convicción de que es mucho mejor cambiar que no cambiar, ya que en ese proceso se encuentran siempre las oportunidades.

En el No cambio, ya todo está hecho. Aburre, anquilosa, degrada, frustra.

Claro que también es importante evaluar los cambios que se hacen, para ver si se dan los resultados esperados, si se alcanzan las metas previstas.

Mi abuela siempre nos amenazaba con aquello de "anda no vaya a ser que salgas de Guatemala para entrar a Guatepeor".

Qué horrible, ¿no? Afortunadamente yo casi nunca le hacía caso, sobre todo cuando alcancé las suficientes habilidades motoras para huir de sus espontáneos descontones, coscorrones y pellizcos que surtía al por mayor cuando se enojaba, cosa que era frecuente por cualquier cosa.

Pero no, para nada, si el cambio que realizamos no alcanza los resultados esperados, lo peor que podríamos hacer sería regresar al pasado, a lo que ya teníamos o hacíamos, eso jamás resulta.

Lo que es aconsejable siempre es al evaluar, plantearse qué cambios nuevos requerimos para alcanzar nuestras metas y sí, adivinas, volver a cambiar.

Poco más de 20 personas de ámbitos distintos, de épocas distintas, de características personales disímiles pero que ven hacia delante, personas dignas de confianza, congruentes consigo mismas, de las que no sólo puedes aprender nuevos conceptos, sino también nuevas actitudes, se han hecho presentes en mi vida..

Yo creo que me topo con todas ellas para recargar combustible y seguir la marcha. Yo espero que para ellos ocurra algo similar.

Por lo pronto todos queremos volver al futuro, pero libres de todas las lacras que dominan hoy nuestros escenarios; todos queremos volver al futuro que soñamos y deseamos para nuestros hijos, sin rollos.

Vemos que nuestro país se hunde en la burocracia, en la inoperancia, en la política sucia y vamos a volver al futuro, claro que sí, pero sin burocracia y sin las torpezas que han obligado a nuestros hijos a emigrar a otras partes, buscando las oportunidades que aquí no hemos sabido brindarles.

Un burócrata jamás podrá ser estadista, a menos que cambie substancialmente su percepción de la vida...y actúe en consecuencia, con congruencia y con un interés legítimo, fuera de las ambiciones personales...

LAS FÁBULAS DE LOS RATONES Y EL CONTROL

"Si alguna instrucción resultó demasiado clara, enrédala antes de proceder a cumplirla".

Corolario:

"Ah y prevé que siempre puedas echarle la culpa a alguien más".

Elemento esencial en toda burocracia es la capacidad real de enredar las cosas, pues de esa manera, el empleado se siente imprescindible e incluso hasta importante.

Siempre que se complican los problemas, existen soluciones mal tomadas o mal instrumentadas.

Desde luego otros son casos extremos, donde podemos observar que el político de jerarquía informa que ha girado instrucciones precisas a x dependencia para solucionar, suelen decir que de inmediato, el problema por el que casi lo están linchando.

Y después eso lleva meses, años o nunca se resuelve. En México existen frases célebres ya con este optimismo delirante que sólo la burocracia pone finalmente en su exacta dimensión.

No olvidemos que la burocracia es experta en estrategias muy efectivas para no asumir responsabilidades excesivas.

Así, tengas o no tengas idea de qué es lo que te está pidiendo tu jefe, podrás aplicar con elegancia e incluso, diría yo, con autoridad cualquiera de los métodos para complicar las cosas como pueden ser los siguientes, ampliamente conocidos:

- Pídeles a dos o tres subalternos que hagan el mismo trabajo, así el que debía hacerlo por su función pensará que está en la cuerda floja y los otros no tendrán idea de lo que se necesita, por lo que recurrirán al primero, quien les dará información si no falsa, sí sesgada, así que el resultado se convertirá en un nuevo problema o en la complicación del existente.
- Túrnalo para su "atención procedente" indicando que procedan como les ordenaste en la junta del otro día, lo que hará que se pregunten entre ellos, te pregunten a ti y hasta consulten a algún externo cuál fue la orden, con lo que la atención del asunto fácilmente se convertirá en improcedente.
- Pide a tu jefe que te dé mayor información, sobre todo alguna que sabes que no tiene, así, se necesitará buscarla y analizar un mayor número de variables.
- Plantea el problema como elección, esto es, hacemos "a" o hacemos "b", antes de analizar el contexto. Esta técnica de "botepronto" es excelente para complicar las cosas, sobre todo porque limita las opciones, se tienen respuestas poco reflexivas sobre el asunto y se provocan nuevas reacciones que lo terminan complicando.
- Plantea el asunto con suspicacia, identificando a algún enemigo, y pide que te informen a cada momento cómo evolucionan las inferencias que realicen, así podrás dirigir las cosas hacia donde convenga.

- Forma una comisión o un comité o un grupo de trabajo con las atribuciones del subalterno más capacitado y ponlo a que participe a las órdenes de dicho grupo.

Créanme que de verdad las cosas se complican y además se hacen lentas y tortuosas.

Y esto me recuerda dos fábulas relacionadas con las formas de complicar las cosas y se refieren ambas a los ratones.

Primera:

El flautista de Hamelin fue llamado por el rey para acabar con una plaga de ratones que asolaban al reino y este señor, con su flauta hipnotizó a los animales, llevándolos hasta el río donde se ahogaron.

Súper eficiente ¿no?, pero luego resulta que no le pagaron o le hicieron de chivo los tamales, de tal forma que sólo le quedó vengarse de esos miserables encantando a los niños del reino y llevándolos a una cueva donde desaparecieron.

Esa versión ha sido suavizada para los que no creen en lo de ojo por ojo, pues después el flautista los perdona pero contra un pago mucho mayor. O sea, que le dejó más el secuestro y el chantaje que el control de plagas.

Segunda:

La otra fábula viene a colación a propósito de formas de complicar los asuntos públicos, y es una leyenda que asegura que existió aquí, hace muchos años, un país lleno de cultura y tradición donde la gente vivía de manera sencilla, ocupada en las labores del campo, la industria y el comercio.

Mas de repente, conforme se volvía más rica y próspera, apareció una plaga de ratones que empezaron a multiplicarse sin medida, afectando las cosechas, alarmando al turismo y desprestigiando al país en el extranjero.

Ante esta situación el rey de ese país, Miguel III el afanoso, a quien el pueblo no llegó a conocer, buscó en el mundo libre al exterminador de ratones más prestigiado y eficaz, no importando lo que costara.

Y, en efecto, a un costo muy alto, lo contrató para eliminar tal plaga del país.

Conociendo la experiencia del flautista de Hamelin, el experto en control solicitó y obtuvo del rey el salario y compensaciones, pagadas por adelantado, más altas de todos los funcionarios.

Así mismo, logró la creación de un ministerio para poder reunir en él toda la experiencia existente en materia de evaluación y control de las plagas de ratones, auditoría y vigilancia de todos los organismos públicos, que debían aplicar medidas preventivas para evitar la aparición de roedores, funciones todas que se encontraban asignadas en varios ministerios.

Finalmente, todo comenzó a funcionar bajo el nuevo esquema.

Al principio fue notoria la disminución de roedores. Sin embargo, conforme fue pasando el tiempo se empezó a notar que sólo una clase de ratones disminuía, pero subsistían otras, mejor organizadas y más resistentes.

Los ratones escuálidos si morían, pero los gordos no, esos se ponían más rollizos.

Por más que le hacían ver al rey en turno que el ministerio de control jamás acabaría con los roedores, pues no le convenía quedarse sin nada que hacer, con el riesgo de que desaparecieran, al rey no le importaba, pues le servía para poder deshacerse de los enemigos que le estorbaban, ya que no luchar contra los ratones, o permitir la aparición de algunos, se castigaba con la deshonra pública.

Además, existían un sinnúmero de quejas y denuncias, que básicamente acusaban a funcionarios que protegían a los ratones, o bien denunciaban que algunas veces usaban trampas pequeñas para ratones grandes que nada les hacían y operativos aparatosos donde los pequeños roedores eran aplastados.

En otros ministerios usaban dispositivos electrónicos que repelían a los ratones, pero no a todas las clases y además, empezaron a tener otras plagas, como la de los alacranes en el ministerio de gobierno.

El ministerio de control de roedores también caía de improviso en diversas reuniones donde sospechaba que había ratones, para pescarlos in fraganti y ejecutarlos de inmediato, pero ningún método parecía resolver de fondo las cosas.

El ministerio de control se llenó de reglas burocráticas, revisaba por todas partes si se habían establecido los controles necesarios para evitar en la medida de lo posible, la proliferación de roedores.

En algunas épocas llegaron a castigar sin ton ni son a quienes pudieran tener que ver con algún tipo de animal aunque fuera parecido solamente a los ratones.

Así, por ejemplo, los que protegían a las laboriosas ardillas, fueron ejecutados para elevar las estadísticas, como en el periodo de Pelayo Tamargo Faroles, auditor implacable que justificó ampliamente la medida para evitar, como se supo más tarde, que descubrieran donde estaban los ratones grandes.

Treinta y cinco años después de haber sido creado y de haber tenido diversos cambios de funciones y asignaciones, el ministerio de control evolucionó, bajo la ley de la multiplicación burocrática, hasta convertirse en una pesada carga para el erario.

Así, bajo el reinado de Felipe I, que, aclaro de una buena vez, no era ni chaparro, ni pelón, ni de lentes, porque éste era conocido como Felipe el hermoso, en honor de aquel rey de Castilla que ostentó el mismo sobrenombre, se descubrió que después de 35 años el famoso control ratonil no había funcionado adecuadamente, pero sí había generado una burocracia impactante y aplastante, al grado que impedía la movilidad de los demás ministerios y empresas del estado.

Por más que el ministerio manejaba estadísticas de ratones eliminados gracias a todas sus intervenciones, la verdad es que el pueblo ya no les creía, máxime si diariamente en los periódicos locales e internacionales aparecían casos y casos donde se narraban los éxitos de los ratones y la falta de eficacia del ministerio de la "Función Extinguidora de Roedores, Insectos, Víboras y Similares", que es el organismo actual, al que se le quitó lo de control de roedores para darle una imagen positiva y propositiva, más que de policías administrativos y jueces implacables.

Ya en el reinado de Enrique X se le ampliaron otras actividades de extinción como la de acabar con las víboras que mudaban de piel a cada rato, las garrapatas que sangraban todo a donde caían, las chinches, que molestaban por molestar, o sea, que siempre estaban enchinchando y otras plagas menos visibles pero igual de peligrosas, como los mayates, los piojos y las catarinas o mariquitas, que se protegían en varios ministerios, o los chapulines del sur del país y los caracoles panteoneros, aunque estos últimos estaban bastante bien controlados por los restauranteros españoles que los preparaban en guisados regionales bastante sabrosos.

Se formaron obviamente Comités Ciudadanos y Comisiones Ejecutivas para crear un nuevo sistema que obviamente tampoco funcionaría. Uno pensaría que el rey finalmente se convenció que por mayor eficiencia que exigiera, jamás se quedaría el reino sin ratones y libre de las otras plagas.

En consecuencia, se podría esperar una evolución mayor en esas prácticas, se podrían esperar cambios de fondo, para evitar que problemas tan serios como los que provocan los ratones, siguieran llenando los titulares de los diarios incrementando la mala fama.

Parece que ahora este ministerio está alimentando a nuevos roedores más eficaces para superar el control de plagas.

Finalmente es potestad de los expertos burócratas el casi solucionarlo todo, para poder seguir cobrando…

Yo supongo que en ese reino seguirán prevaleciendo las antiguas formas y seguiremos viendo en los diarios las noticias frescas de cómo los atacan los ratones y de cómo los rollizos siguen siendo rollizos y los escuálidos, pagando el pato.

Regresando a nuestro tema y fuera ya de estas leyendas, cabe concluir que en las organizaciones en general, existen áreas que no aportan ningún valor agregado y que tienden a ser ineficientes para mantener incólumes los objetivos y las misiones encomendadas.

Complican pues la atención de los asuntos y de los problemas, embrollándolos de una manera que después, como en los nudos gordianos, nadie los puede desenredar.

No olvidemos que este nudo era con el que Gordias ataba a los bueyes al yugo y que, finalmente, sólo pudo ser cortado, que no desenredado, por Alejandro Magno, según cuenta otra leyenda.

A veces uno puede darle la razón al vendedor de tamales o de camotes que no los quería vender todos a un solo cliente, porque después qué vendía.

Visto del otro lado, sostener que los asuntos que se tratan, que las problemáticas que se atienden son harto complejas, aunque no lo sean en muchos casos, permite que se cumplan los objetivos parcialmente y muchas veces también, que no se evolucione hacia visiones más ambiciosas, con el consiguiente estancamiento y rigidez estructural que caracteriza a estas organizaciones.

Entonces ya lo sabes, resuelve con rapidez y eficiencia, sé eficaz y evita esta norma no escrita de la burocracia.

SI ALGO URGE, DEMUÉSTRALES CLARAMENTE QUE ESTÁN EQUIVOCADOS

En las burocracias todo urge y nada se termina a tiempo conforme a la visión de quien espera los resultados del trabajo. Como diría un jefe que tuve: aquí tienes que trabajar con los recursos que hay y en el tiempo que te dejan.

El trabajo fluye como en aquel experimento de física de vasos comunicantes. Se llena la primera charola de la primera estación de trabajo y la segunda alcanza el mismo nivel y así sucesivamente, hasta que toda la oficina se llena de papeles.

No cabe duda de que las charolas son elementos esenciales de todo escritorio burocrático; en un principio han de haber sido muy sencillas y servían más o menos para ordenar los papeles.

Luego les pusieron otro piso y en algunos casos otro más, con lo que lograron complicar el sistema.

A mí me parece que los Contadores tuvieron algo que ver con este invento y sus complicaciones, pues se trata de que se maneje un orden de primeras entradas, primeras salidas, como en los almacenes y también de cumplir con la partida doble: cargos en la charola izquierda, abonos o descargos en la derecha y que todo "cuadre".

Pero luego se puso la charola de "urgentes" y otra "para archivar" y en algunos casos otra más para "turnar" o endosarle la bronca a alguien más.

Así se complicó el sistema y empezaron a quedarse asuntos que nunca se veían pues pasaban de la charola de urgentes, a la de turnos y ya turnados regresaban con alguna anotación a la de entrada, pero hasta abajo, así que perdían la oportunidad de ser atendidos mientras ascendían en el fajo de papeles hasta donde alguien pudiera darse cuenta.

Otra teoría posible respecto al manejo de las charolas podría ser que se derivaron del juego ese de acitrón de un fandango, sango sango, sabaré por la habilidad que se requiere para pasar papeles de una charola a la otra sin hacerles nada y sin ningún objeto.

Ahora ya casi no vemos charolas en los escritorios, salvo quizá en los de las secretarias, que ya prácticamente tampoco existen (me refiero a las secretarias).

Hoy usamos la computadora con programas de workflow. Pasa lo mismo que con las charolas, pero más rápido, porque se tienen que absorber los nuevos trámites que se inventan cada año.

Ha sido necesario también crear sistemas de control de correspondencia, de control de gestión, de control del control y pronto se creará un data mart sobre todos los indicadores de control de los controles que ya se tenían, pues pudiera suceder que se requiera para la información estratégica de los "war rooms".

Cómo ven que en 2002 el gobierno federal tenía registrados 1793 trámites y servicios federales y para noviembre de 2007, nada más ni nada menos que 3387. Actualmente la mejora regulatoria reporta alrededor de 4600 trámites. Vamos mejorando.

Y no quiero mencionar los trámites que inventan los gobiernos estatales y municipales, donde deben existir cualquier cantidad de procesos con altísimos riesgos de operación y también de corrupción, por supuesto.

A esto hay que agregar que ahora se tendrá la obligación de almacenar los correos electrónicos, pues se vuelven "documentos oficiales" así que las bandejas de entrada y de salida, los correos enviados, los elementos eliminados y las carpetas personales tendrán que pasarse a un almacén central que tendrá que incrementar su capacidad a muchos terabytes, sólo por si alguien pregunta algo sobre lo que no tiene ni la menor idea.

Northcote Parkinson decía que si la flota marítima de Inglaterra desapareciera de repente, de todas formas el Almirantazgo Inglés seguiría laborando por más de un año, sólo con el papeleo.

Aquí, por ejemplo, el reparto agrario terminó hace muchísimos años, la reforma agraria también y sigue funcionando la Secretaría respectiva.

Claro que ya no hace lo mismo que antes, ahora es la SEDATU (Desarrollo Agrario, Territorial y Urbano) y parece que tiene un montón de desviaciones en los programas que ha atendido;

ahora está peor, la burocracia también se mimetiza y encuentra finalmente remansos donde permanecer.

Por cierto, hace poco más de 10 años cuestionaron a un triste personaje que ¿trabajó? aparentemente de subsecretario ahí, pues lo estaban investigando porque "se detectó que había pagado un curso de capacitación para 400 personas a una empresa que se dedica a rentar… ¡aeronaves!"…(Columna Templo Mayor , 13/12/07)

La prensa cuestionó a este personaje, quien contestó:

"No tengo nada que ver con esos recursos, como subsecretario pasas todos los temas a un comité que depende de una dirección general, que a su vez los pone a consideración de otro comité y de un Oficial Mayor de la Secretaría.

Ahí se aprueban los cheques para ejercer los recursos, en mi caso nunca tuve nada que ver con esos recursos, y acusarme es desconocer cómo funciona la administración federal". (Columna Templo Mayor , 13/12/07)

¡Y todavía reclamó este señor!…

En pleno 2018 algo similar pero más grande que le llaman la estafa maestra involucra a todos los personajes principales de esa dependencia ¿Qué tal la burocracia eh? ¿Y la ignorancia? ¿Pues cómo se colaron estos especímenes a puestos tan altos?

Yo ya tengo algunas teorías sobre esto último, quizá los lectores también, pero luego las platicaremos.

Ahora sigue empantanado ese asunto y sólo se ha usado políticamente para vengarse de la que entonces era la Secretaria de ese ramo, dos años sin avances.

Toda esta complejidad de procedimientos, trámites y normas inventadas suele favorecer a la corrupción, pero ese también es un tema que abordaremos en otra ocasión.

Vean algunos de los asuntos urgentes del pasado:

Ferrocarriles Nacionales se privatizó (¿o se destruyó?) por allá en 1996, hoy prácticamente ya desapareció el ferrocarril como medio de transporte de personas y más o menos ha sobrevivido el de carga, existen muchos cambios, parece, pero el gobierno sigue sin poder liquidar a la paraestatal correspondiente.

Hablamos de 24 años después.

Almacenes Nacionales de Depósito por el estilo, igual que varios bancos. Por ahí siguen liquidando al Banrural, al BNCI, a varios fideicomisos.

Caray, si algo urgía, como nos dijeron que era el caso de todo esto, para qué nos tienen que restregar que estábamos equivocados creyendo que hablaban en serio.

Actualmente se tendrán que liquidar 109 fideicomisos según la última cifra que se publicó. ¿Cuánto tiempo llevará esto? Como muchos de estos involucran también recursos privados o aportaciones de organismos privados nacionales y extranjeros en algunos casos, tendremos materia para unos años.

Igual y no si se cambian las leyes y los procesos para satisfacer caprichos y usos del poder, total esa parece ser la tónica de hoy.

Bajo este principio burocrático, más vale esperar a que se terminen de hacer las cosas normalmente, así, con calma, pues heurísticamente es más rápido que urgirlos a que terminen algo.

Por eso es que propugnamos porque desaparezcan los bomberazos, de nada sirven porque si bien todo se termina más rápido, generalmente hay que hacerlo otra u otras veces.

Más vale paso que dure y no trote que canse, suelen decir...

En una oficina que tuve hace muchos años coloqué un letrero que decía. "¿Cómo es posible que nunca haya tiempo para hacer las cosas bien hechas y siempre hay el necesario para hacerlas dos veces? Y me quedé corto, pues hubieron ocasiones en que las cosas se hicieron 5 o 6 veces antes de que quedaran al gusto de los jefes.

Estaba en alguna ocasión llamándole la atención a un subordinado sobre su lentitud con algunos asuntos; algo molesto me comentó "Si me tardo dos horas o dos días, me pagan lo mismo, si lo hago rápido me dan más asuntos que a los demás que se la pasan flojeando, así que prefiero terminarlo en dos días".

Jamás le pude tener confianza y la verdad supongo que siguió ahí, en lo mismo, durante muchos años.

Él decía que su experiencia era muy vasta pero no, no tenía una experiencia rica. Recuerden que no es lo mismo tener 20 años de experiencia, que un año repetido 20 veces.

Si urge, convéncete, no saldrá rápido. ¿OK? Nomás por "joder".

NOCHE DE FUTBOL (UNAM - AMERICA, GRAN FINAL)

Jacinto Peláez se fue a comer con sus cuates del kínder a los que no veía desde hacía algún tiempo (no desde el kinder sino solo hace unos meses) y pensaba que saliendo de ahí, ya no regresaría a la oficina, pues estaba la final del futbol y no se la quería perder.

Le preocupó un poco escuchar en la radio que la policía montaría un dispositivo de seguridad en el estadio y que para agilizar el tráfico había dispuesto un operativo especial.

Pensó para sí: "chin, ya nos fregamos, ahora va ser un desgarriate llegar al estadio y ahí no nos la vamos a acabar con las dos o tres revisiones que te hacen para entrar y con las vaciladas que inventan contra los revendedores a los que finalmente ni les hacen nada".

En fin, se dedicó en la comida a cotorrear con todos sus amigos y amigas de entonces; por cierto observó que sus amigas se conservaban de maravilla y no así sus cuates; dos que tres ya están rucos y medio pasadones de moda.

Estaba por el rumbo de avenida Revolución, ya casi en San Ángel, previendo quedar cerca del estadio para poder llegar.

Como este lugar cerraba temprano no podía dejarles su coche así que decidió llevárselo y si no podía llegar al estadio se iría a casa a ver el partido por la Tele. Finalmente, su boleto no estaba pagado y si no llegaba, lo venderían rápidamente.

Ay Jacinto, que iluso, ni porque eres burócrata.

Pues en efecto, cantidades industriales de automovilistas decidieron salvar el obstáculo del partido casi tres horas antes y el mentado operativo demostró la habilidad innata de los policías para lograr nudos viales perfectos.

Ya a las 6 de la tarde estaba casi bloqueado todo en todas direcciones.

Pidió su auto al valet parking a las 6:10. Recibió el auto a las 7:15. Si, aunque no lo creas fue lo que tardaron en traer su auto del estacionamiento a cuadra y media hasta la avenida Revolución.

Como no se podía ir hacia el sur decidió rodear por el periférico. Oh, craso error, aunque prefirió esto porque una amiga le llamó para decirle que no fuera a desviarse hacia Calzada de Tlalpan, pues todo estaba bloqueado.

De hecho ella le quería preguntar cómo se regresaba de la carretera libre a Cuernavaca pues hasta allá llegó siguiendo las indicaciones de los policías y la única vía que le dejaron.

De repente encontró fluido el tráfico, pero ya era la carretera. En su primer intento de regresar encontró patrullas atravesadas en Insurgentes en dirección de su casa y finalmente se dio cuenta que estaba otra vez en la carretera.

Volviendo con Jacinto tomó hacia el norte para buscar una entrada al periférico. Ocho kilómetros adelante pudo finalmente desviarse hacia esta vía rápida ¿?.

A duras penas llegó a las 9:30 de la noche a su casa, tres horas veinte minutos después; estresado, molesto, enca-mole-empu-contrariado se puso a ver el fútbol, del cual se aburrió al poco rato quedándose dormido.

Tanto esfuerzo para nada. Uno entiende que en el estadio y en las cercanías exista algo de problema, pero en tantos kilómetros a la redonda sólo podía deberse al operativo para agilizar el tráfico.

De ese operativo pudo observar claramente a un montón de policías hechos bola, pitando y agitando los brazos, mientras las patrullas por el altavoz increpaban "avance, avance", no se detenga.

Pudo contar los movimientos de brazos y por cada 57, uno podía avanzar tres metros, si es que no se había atravesado algún camión, tráiler, microbús o pesero; esto mientras iba por Revolución, ya en el periférico siquiera fue más agradable, aunque es vía rápida ¿?, un montón de vendedores le ofrecieron refrescos, cacahuates, dulces y hasta cigarros, sin faltar las gorditas de nata.

Podías fumarte un cigarro, acabarte un paquete de cacahuates, un refresco y las gorditas avanzando escasos 50 metros. Así como no va uno a engordar.

Ya dentro de su sueño empezó a tener pesadillas e imaginó que tenía que atender en las ventanillas a una cola de personas que daba la vuelta a la calle y veía en su sueño cómo les decía "avancen, avancen, no se detengan" y luego se ponía a pelear con los vendedores que aprovechando esto vendían de todo y en la dependencia estaba prohibido. Y ni qué decir de los coyotes, que ofrecían sus servicios sin tapujos.

Se vio a sí mismo revisando solicitudes y regresándolas a los interesados, que aquí falta tal dato, que en el otro el papel rosa está ilegible, que su solicitud está maltratada y tienen que elaborarla nuevamente, que le falta el sello de no sé quién, etc. etc.

Lejos de incomodarle este sueño, le reconfortó, pues lo regresaba a su mundo, a la autoridad que ni siquiera pudo asomar y usar con los policías.

Finalmente, llegó a la conclusión de que el operativo de la policía había estado bien y que todo se debió a la arbitrariedad de los automovilistas que no obedecen, se meten en sentido contrario, se atraviesan y demás y bueno, también le había gustado la energía de la policía para mover los brazos y las voces varoniles que gritaban: avance, avance.

Decidió entonces implementar el nuevo nuevo procedimiento que propuso el grupo de dirección para la atención en ventanillas, no el anterior nuevo sistema, ese murió, sino el nuevo pues y... ya veremos si sale mejor librado.

SOBRE EL SENTIDO DE URGENCIA

"Nunca dejes para mañana lo que puedes hacer pasado mañana. Para pasado mañana, como quiera la libras".
Célebre postulado de la burocracia.

Esta sana costumbre de la burocracia disminuye el estrés del trabajo, ayuda a evitar problemas cardíacos y permite darle importancia a lo que verdaderamente la tiene, o sea, sólo a aquello que el jefe pide para ya.

Por cierto si el jefe pregunta cualquier cosa la respuesta debe ser natural, sin genuflexiones ni reverencias exageradas, sin gestos socarrones, con un tono de voz plano, nada estridente ni que se dé a notar.

El sentido de urgencia en la administración implica la concepción de lograr una meta en el menor tiempo posible, ejecutando las acciones necesarias oportunamente.

Este concepto, enfrentado o interpretado en la burocracia podría rebautizarse como sentido de emergencia, como la sucesión interminable de lo que coloquialmente se llama "bomberazo".

Estos suelen ocurrir por diversas causas, resaltando dos como las más frecuentes:

- La negligencia del jefe para tomar alguna decisión oportunamente o simplemente el retraso para atender el trabajo personal que tiene sobre el escritorio que, cuando le es requerido, genera hacia abajo la emergencia.

- La segunda se refiere a lo que podría llamarse guerra departamental, la cual se origina por posiciones políticas de la jerarquía burocrática o bien por conflictos interpersonales no resueltos que empiezan a involucrar a terceros.

Esto lleva a formular alianzas que suelen desembocar en el principio de evasión más conocido, que es el de hacer ver mal al enemigo, mantener la pelota en su cancha a como dé lugar y desde luego, demorarle cualquier decisión que tenga que ver con la propia área de responsabilidad y que el otro requiere para desarrollar sus actividades.

Las guerras departamentales afectan de manera muy importante la ejecución de los programas que se tienen a cargo, máxime cuando nos preocupa más hacer ver los errores que buscar las soluciones.

El sentido de urgencia que motiva una actuación eficiente y eficaz de la organización se convierte así en el sentido de emergencia que ya comentamos y que lleva a obtener soluciones a medias, mucho más costosas, con desviaciones significativas de orden financiero y muy inoperantes.

Las guerras que se suscitan dentro de la organización pueden desembocar incluso en su propia desaparición al no poder reaccionar a su entorno, al no poder evolucionar en sus productos y al entregarlos con mala calidad.

Si es una dependencia las más de las veces la solución es desaparecerla pero con el enorme costo social que esto implica.

Aquí tenemos múltiples ejemplos, sobre todo a partir de 1982, donde comenzó el debilitamiento propositivo de muchas instituciones y dependencias, que se terminaron extinguiendo entre 1984 y 1998.

Después del año 2000 siguió la práctica hasta dejar al estado sin capitales tangibles, añadiendo a la extinción la privatización exagerada de bienes públicos.

Total...

JAMÁS LLEGUES TARDE A LA HORA DE LA SALIDA...

Los horarios de trabajo en la burocracia suelen mostrar rigideces que en nada contribuyen a la productividad.

El reloj checador, cualquiera que sea su tecnología, es una costumbre heredada de generaciones que no contaban con mayores herramientas de control que las que imponía el horario de trabajo, el capataz y el producto enajenante de las líneas de ensamble.

En la fábrica surgió y alcanzó tal popularidad que se extendió como tumor maligno en todas las organizaciones.

En las burocráticas se acogió como sello distintivo propio; el control de entradas y salidas del personal ofreció un enfoque equivocado, donde lejos de controlar los procesos se favorecía el tratar de controlar a las personas, estableciendo un conjunto de reglas que sustentaban mucho los castigos y poco los premios.

El burócrata agachó la cabeza, tanto como en su momento nuestros indios la agacharon con los encomenderos, guardando en su interior su identidad cultural.

Dentro de todo santo católico se escondía siempre alguna deidad prehispánica y la transculturación a sangre y fuego no pudo finalmente ni con las lenguas autóctonas ni con nuestra idiosincrasia.

Pero sí nos hizo dependientes; aprendimos a burlar estos controles pero a base de sufrir los castigos sin fin, ofreciéndonos vías de escape "espiritual", corporal e intelectual que potenciaron el control hacia nuestro ser interior, se perpetuó esa falta de autoestima tan peculiar en el personal en los distintos niveles de la organización.

Hoy el conflicto no es querer ser y no lograrlo, sino poder ser en un esquema que privilegie el equilibrio entre los premios por el logro de resultados definidos por "el deber ser" que fijan las normas de la organización y la satisfacción de querer ser y hacer lo que nos motiva en nuestra existencia.

Hoy en día la burocracia ha recibido un nuevo golpe y está bajando la cabeza una vez más.

Baja de sueldo sin prestaciones y con jefes improvisados, mala imagen en la ciudadanía, fomento a la corrupción, qué horror. Con un problema adicional y es que este golpe lo están recibiendo de una especie de deidad moderna que mucha gente, entre ellos los burócratas, llevaban medio escondida con la esperanza de que llegara a sacarlos de la mediocridad y los bajos salarios.

Y pues no, de ahí vino el golpe.

La organización inteligente siempre negociará estos principios con su personal, que se constituye en capital humano y buscará la mutua satisfacción que trae consigo siempre el desarrollo y éxito de esa organización.

Creencias inculcadas desde nuestra infancia que después nos acompañan sin sentirlo por el resto de nuestra existencia pueden estar jugando un papel trascendental en nuestra percepción hacia el trabajo, hacia la familia, hacia las jerarquías de cualquier especie, hacia nuestra vida privada, hacia la importancia del concepto de éxito que las élites imponen.

El desequilibrio que sufren las personas asalariadas entre los diferentes intereses que deben sustentar su desarrollo como seres humanos es muy evidente.

Los jóvenes han confundido los conceptos de éxito personal por factores de "éxito social", el ser por el tener, hacer lo que nos gusta por hacer lo que deja dinero o poder, o ambos.

No nos sorprendemos de ver jóvenes que por alcanzar algo de poder hacen lo que sea, convirtiéndose en seres vacíos, sin escrúpulos y hasta medio perversos en sus relaciones con el entorno donde se mueven; seres con una autoestima que lejos de serlo, sólo aparece como soberbia, como actitud prepotente que con el tiempo se vuelve prepotencia real.

Crear nuevos paradigmas no es tarea fácil.

Los sistemas de explotación que buscan sustentarse en un

capital humano deteriorado, empobrecido, han mostrado afortunadamente su fracaso y los sistemas más abiertos, más consecuentes con la naturaleza del ser humano, logran cada vez más organizaciones exitosas incluso en ramas extremadamente complejas.

Véanse los esquemas organizacionales e incluso ambientales de las grandes empresas de tecnología: IBM, Microsoft, Google, Apple, etc.

Contemplen sus políticas y el respeto que inculcan respecto a la naturaleza productiva del ser humano. No dudo que trabajar en esos sitios debe resultar increíble por la enorme facilidad y apoyo para "poder ser" y por ende poder hacer dentro de la organización.

Sin embargo, estas estructuras y modelos no han permeado hacia las estructuras gubernamentales más que en el discurso, porque quienes podrían cambiar las cosas utilizan sólo sus neuronas motoras y el agache servil hacia la jerarquía.

Suena bonito y pegador hablar de modernidad, aunque se mantengan políticas y normas retrógradas, propias de las sociedades cerradas con códigos de fidelidad francamente irracionales.

Así es posible que los ineptos, fieles por incompetentes, ocupen posiciones privilegiadas y se sirvan de ellas sin recato, tratando de acumular poder y vuelven a caer con la misma ignorancia en tratar de controlar a las personas y no a los procesos de los que son responsables.

El reloj checador, la lista de asistencia, los controles de acceso impuestos por seguridad, permiten saber de la presencia de los empleados, pero jamás de su trabajo.

Hace tiempo me daba mucha risa observar en las muy populares listas de asistencia, creadas para "taparle el ojo al macho" como dicen por ahí, la actitud de la persona que controlaba la lista (una secretaria por lo regular), que tenía la obligación de colocar una raya roja al final de la lista justo cuando terminaba el periodo de tolerancia (concepto absurdo por cierto), de tal forma que fuera notorio quienes llegaban tarde.

Mi primera sugerencia fue que su jefe le regalara un reloj nuevo a la secretaria, pues de manera extraña el suyo se adelantaba o atrasaba dependiendo básicamente de quienes faltaban por firmar y así la raya exhibía únicamente a las personas no afines a la secretaria en cuestión.

La mayoría de los controles burocráticos que descansan en un esquema de autorizaciones de lo que sea, son por naturaleza corruptibles, son como la raya roja de las listas de asistencia y se comportarán "según de lo que se trate".

Las horas-nalga pueden en un momento dado fortalecer y hasta agrandar los glúteos, pero nada pueden hacer por nuestros cerebros, por nuestro conocimiento, si existen políticas restrictivas a la creatividad, normas que rechazan la generación de soluciones diferentes a las que dicta la jerarquía o la propia normatividad.

Castigamos la curiosidad e incluso el afán por aprender del personal, le restringimos incluso el acceso a Internet porque alguien, por cierto con absoluta ignorancia, cree que el común de los empleados busca perder el tiempo utilizando esos recursos.

No dudamos que alguno lo intente hacer así, pero la realidad es que la gente que pierde tiempo es porque no tiene trabajo, o bien porque el trabajo que hace ni siquiera le es reconocido y lo hace rápido y de mala calidad para dedicarse a cualquier otra cosa.

No necesita estar conectado a Internet para perder el tiempo, sólo necesita un jefe burócrata, un trabajo desmotivante y actuar como si le importara lo que hace, aunque de mil amores lo dejaría de hacer.

La política medieval de "impedir el contacto con el exterior" justo en el medio que permite hoy día la expansión del conocimiento, está creada por burócratas informáticos que siguen a ciegas y por moda las "novedades" que en materia de software les permite un aparente control en el performance de las redes, sin embargo, no se paran a ver el daño que le provocan a la organización.

Me recuerda aquella política de un famoso chocolatero en el México de los años 50´s o 60´s, que le permitía a su personal tomar cuantos chocolates quisieran; a veces alguno abusaba, pero en su propio pecado llevaba la penitencia, lo que le obligaba a auto controlarse en su consumo de chocolates.

Incluso algunos dejaban de probarlos por completo. Esta chocolatera llegó a ser la más importante de Latinoamérica hasta que se burocratizó. Hoy ya no existe, la absorbió una compañía americana.

Siempre seré partidario de una sociedad abierta a la información y a las ideas y en la burocracia, desgraciadamente, se castigan las ideas y se condiciona la información, quizá por ello decidí autoproclamarme "burócrata renegado".

La frase que nos ocupa, aunque ustedes no lo crean, no surge de los empleados que les urge marcharse; no, surge de la jerarquía que obliga al empleado a checar su salida a tiempo para no pagar tiempo extra.

En algunas oficinas se obliga al personal a ir a checar y regresar a trabajar sin derecho a remuneración extraordinaria; increíble ¿no? ¡Qué raro que algo así pase!

Ahora que si en la organización donde trabajas no existen tales políticas, cumple de todas formas con esta norma no escrita, sin regresar a trabajar por supuesto, cosa que tu familia te agradecerá, además de que te ayuda a equilibrar tus actividades para crecer como ser humano.

No te quedes haciendo horas-nalga hasta que a tu jefe se le ocurra retirarse, nada más porque pudiera necesitar algo de ti; mejor déjale tu teléfono celular y en el remoto caso que se presentara una emergencia real sí tienes que estar dispuesto a colaborar en lo necesario.

Recuerda, jamás llegues tarde a la hora de la salida.

Divide tus actividades en forma razonable entre trabajo, diversión, familia, descanso, actividades sociales, servicio a la comunidad y verás con el tiempo que te vuelves un ser humano trascendente, lleno de satisfacciones y altamente productivo en lo que decidas realizar...

LA PUNTUALIDAD, ¿EXISTE EN LA BUROCRACIA?

En México, la puntualidad es un propósito jamás cumplido u otra mentira más del mexicano; ésta provocada por una percepción equivocada del tiempo.

Socialmente aprendemos que citarnos a una hora implica llegar después.

Para hacer esperar a alguien 15 minutos le decimos, "un minutito, por favor" o "un momentito" y los más osados "permítame un segundo" aunque utilicen 900 o mil.

Antes de que hubiera telefonía móvil, dejar plantado a alguien suponía que echara raíces, creciera y floreciera esperándonos en el mismo lugar mientras preparábamos la concebida disculpa que le ofreceríamos más tarde o al día siguiente.

Hoy tenemos que improvisar rápido por los malditos celulares.

Hoy somos un poco más abiertos y en lugar de citarnos a una hora, mejor decimos "nos vemos como a las 3", que puede ser eso, como a la una, a las dos y a las tres.

Para otros compromisos, usamos el "Estoy tapado de chamba esta semana, qué tal si nos hablamos la otra semana y ya quedamos en algo", sin especificar, claro, a qué semana nos referimos.

Si de plano se nos olvidó el compromiso podríamos utilizar cualquiera de las siguientes:

"Oye, ya iba para allá, pero me llamó mi jefe y ya sabes, no te pude hablar para avisarte"

"Me resbalé cuando iba saliendo y hasta ahorita recuperé el conocimiento, pero nos vemos la otra semana, ¿sale?"

"Se me ponchó la llanta y no traía el gato, porque se lo presté a mi vecino y no me lo ha devuelto, pero llego en un ratito si me puedes esperar, si no te hablo luego y nos ponemos de acuerdo".

"Nos cayó un bomberazo y quieren la información para al rato, ya pedimos tortas y no creo que salgamos temprano".

Etc.etc.etc.etc.

En las bodas y ceremonias más o menos formales, sabemos de antemano que la hora que mencionan en las invitaciones jamás es real y dependiendo de la importancia del evento, de quienes serán los invitados de honor y demás, el aplazamiento puede ser de una media hora.

Ahora que si el invitado de honor es un alto funcionario del gobierno o un ejecutivo de una corporación, la espera puede ser para todo mundo hasta de unas dos horas.

Claro, se ocupará más tiempo si la novia resulta indecisa a la hora de salir a escena.

Llegar tarde obliga necesariamente a tener un catálogo de disculpas creíbles que se van depurando conforme crecemos para hacerlas más sofisticadas.

¿De verdad le creerían a un adolescente que les dice a sus padres que llegará a la diez cuando se fue a una fiesta?

El o la adolescente a esa edad, ya tiene un catálogo sofisticado de disculpas con el clásico "es que…" y no importa que tengan celular pues no los podremos localizar, ya que las compañías que dan ese servicio nunca tienen cobertura donde los chavos nos dijeron que estarían o bien se les acabó la pila o lo traían en vibrador porque estaban en el cine y siempre, siempre pasa algo extraordinario que no les permite llegar a tiempo.

A mí me educaron en una escuela que exigía puntualidad. Para todo y sobre todo era muy importante llegar a tiempo. "La puntualidad es el gran secreto del éxito… Notad que siempre son los mismos los que llegan tarde."; versaban unos letreros ubicados estratégicamente en los principales accesos de la escuela.

Entenderán entonces que la puntualidad o la falta de ella son disparadores idóneos del estrés que me suele acompañar cuando tengo reuniones, citas, compromisos, etc., pues el ser puntual, el llegar a tiempo, el no quitarles el tiempo a otros me fue inculcado casi como parte de mi identidad, junto con la palabra de honor y el respeto a los demás y a mí mismo.

Al enfrentarme a la burocracia me di cuenta de que el llegar a tiempo es por lo menos 10 minutos después, por el margen que dejan a los burócratas para considerarles su asistencia como puntual, pero puede ser más dependiendo del método que se utilice para este control; no obstante, la puntualidad no funciona así para la hora de la salida, como se puede constatar o comprobar con los registros de asistencia de cualquier entidad burocrática.

Es más, en algunas de ellas está prohibido salir tarde. El mandamiento aplicable sería "Nunca llegues tarde a la hora de la salida", pero entre la hora de entrada y la de salida, procura pasártela bien y si es fuera de la oficina, mejor.

Son clásicos los muchos y variados pretextos para no llegar a tiempo, como múltiples los métodos para volverse lentos y hasta apáticos en las labores normales.

Llegué a creer que la impuntualidad y la burocracia iban de la mano, hasta que tuve la fortuna de trabajar para una compañía Sueca.

La burocracia Sueca es una "burocracia puntual", exageradamente puntual, todo en el trabajo tiene hora de inicio y hora de terminación.

Tienen una burocracia similar a la del resto de países del norte de Europa: Alemania, Dinamarca, Holanda, Noruega, Suiza, Inglaterra.

Hoy día Francia y España están adoptando la puntualidad también como un valor. En América: Canadá y el norte de los Estados Unidos también tienen burocracias puntuales.

Cuando viajé a Europa hace algunos años, me sorprendió la extrema puntualidad de los trenes, de los barcos, incluso de los autobuses y tranvías.

Cuando alguien te cita a equis hora, ahí está; el comercio abre y cierra con el horario autorizado, puntualmente y la verdad, puede uno organizarse mejor en un ambiente de ese tipo, sin caer en rigideces, claro.

C. Northcote Parkinson en su libro La Ley de Parkinson, publicado en español en 1961 por editorial Ariel, promulgó la primera ley que tiene su nombre y afirma que "el trabajo se expande hasta llenar el tiempo disponible para que se termine".

En una burocracia, esto es motivado por dos factores: (1) Los Jefes quieren multiplicar sus áreas de influencia, con más subordinados, y (2) Las diferentes áreas o los diferentes jefes, se crean trabajo unos a otros.

Dicho de otra forma, en una Burocracia trabajamos los unos para los otros y así sucesivamente.

Esta ley comprueba la expansión de las burocracias por el papeleo, aunque en México se ampliaría por el tiempo extra y finalmente, el trabajo se expandiría hasta que no quedara más remedio que entregarlo, ¡porque tiempo hay, vamos!

En general, podríamos concluir que la burocracia asume también parámetros culturales de los países en que actúa y que la puntualidad está presente siempre en los países desarrollados.

Cuando se requiere hacer las cosas en tiempos determinados aprendemos a llegar o empezar a tiempo y también a terminar y salir a tiempo.

Nuestra burocracia cree que extendiendo las horas de permanencia en la oficina se obtienen mejores resultados.

La verdad lógicamente es lo contrario; pero sí se tiene que repetir un escrito ocho o nueve veces porque al Jefe se le ocurren cambios sintácticos o de forma, sí tenemos que permanecer en la oficina esperando a que regrese de comer el mero mero, sí tenemos que esperar después de la salida por si nos necesita el jefe, o la circunstancia que ustedes quieran, estamos fomentando la ineficiencia y la ineficacia.

Si a esto agregamos las justificaciones para no hacer las cosas, tenemos un resultado evidente.

Recuerdo hace algunos años, cuando estábamos instrumentando con verdadero sentido de urgencia, a toda velocidad, un cambio tecnológico importante a nivel nacional en una institución bancaria, en una instancia regional cuya información no se recibía oportunamente, encontramos el equipo de cómputo empacado.

La "justificación" que recibimos no dejó de ser original, pues no lo habían ni siquiera desempacado por curiosidad, mucho menos conectado, o configurado y claro, no habían cargado la información necesaria del nuevo sistema porque "en las cajas del equipo había un letrero del fabricante, aparte del de este lado hacia arriba y el de frágil, que decía "ábrase sólo por personal autorizado"".

Aclaro que el gerente tenía instrucciones de verificar las instalaciones físicas, conectar los equipos y cargar la información del sistema, pero no sabía y tampoco se le ocurrió solicitar al área de cómputo su ayuda; simplemente dejó las cajas en un rincón hasta casi perder su trabajo; se salvó porque pudo recuperarse antes del vencimiento final programado; si no lo hubiera logrado, su destino estaba más que claro.

Sabia virtud de conocer el tiempo...

LOS PAPELES DE DON ALFREDO

En noviembre de 2007 murió Don Alfredo a los 84 años y un piquito de haber llegado a este mundo.

Como a toda su generación, le tocaron tiempos difíciles y no me atrevería a decir que vivió mejores tiempos que los actuales, pues durante su vejez recibió siempre el cariño de sus 12 hijos y también el alivio a sus penurias y soledad.

En sus épocas productivas, durante más de 40 años trabajó en situaciones difíciles, cierto, pero cumpliendo cabalmente con sus obligaciones laborales.

Honesto, recto a carta cabal, responsable y con palabra de honor, supo trasladar estos valores a su hijos, que unidos siguen formando la familia de la que emergieron.

De verdad descansa en paz, pues desgraciadamente entre tanta burocracia, jamás le detectaron a tiempo un cáncer de próstata, aunque regularmente iba a la clínica y se hacía análisis, pero ni en el ISSSTE ni en el IMSS se les ocurrió hacerle exámenes de próstata, aunque todo mundo sabe que es una de las principales causas de muerte en hombres de la tercera edad.

A sus hijos les decía que ya lo habían revisado de todo a todo y bueno, hubo desinformación.

Hoy ya está más allá de esa burocracia y hace unos días sus hijos se reunieron para revisar sus papeles.

Me sorprendió ver y reconocer que todos esos archivos que encontraron son también la huella de esa misma burocracia, impresa en todos nosotros, que guardamos papeles "por si acaso".

La fe de bautismo y actas de nacimiento de todos sus hijos, documentos escolares, recibos de luz antiquísimos, recibos de nómina aún más viejos, estados de cuenta bancarios, recibos de teléfono, de agua, del impuesto predial, de tenencia, declaraciones de impuestos, las reclamaciones de su pensión, sus recetas médicas, papeles de hospital, carnets de la clínica del IMSS y del ISSSTE, pues tenía pensiones parciales de ambos que obviamente ni siquiera sumaban una pensión normal, credenciales, trámites de revista anual para que vieran que seguía vivo, oficios, trámites de la delegación donde vivía, facturas de aparatos que ya no existen y aparatos que desde hace mucho dejaron de existir, pero no en esa casa.

Y casi todo por si se necesita comprobar algo ante algún burócrata de cualquier parte.

Por cierto, se tiraron muchas cosas, pero no todo, algunas se tuvieron que guardar, por si acaso: documentos de su seguro colectivo que como buen seguro resultará lo contrario, pues supongo que al reclamarlo pondrán mil y un peros para pagarlo a sus beneficiarios; también sus documentos del IMSS y del ISSSTE pues no gestionó ni cobró "pagas de marcha" ni cosas de esas y que también casi seguro, ya no aparecerán en los registros.

También encontraron muchísimas fotografías, discos de acetato con la música que le gustaba; cancioneros "Picot" y otros objetos que a unos y a otros les trajeron recuerdos agradables.

Si él hubiera dependido de nuestra "seguridad social" para vivir dignamente, no lo hubiera logrado. Simplemente sus medicamentos para la rodilla, para la diabetes y para la hipertensión se hubieran comido su pensión.

Pensé ese día, después de varias horas de estar viendo la parcial destrucción de tanto papel, las montañas de documentos que guarda nuestra población, por falta de seguridad jurídica y de instituciones confiables, pues con la mano en la cintura te pueden inventar adeudos, responsabilidades, falta de pago de cualquier cosa, aclaraciones de antigüedad en los trabajos, revisiones de cálculos de finiquitos y liquidaciones, aclaraciones de comprobantes médicos y demás que se deducen de impuestos, verificaciones de luz, agua, instalaciones, etc.

Prácticamente lo que se les ocurra.

Don Alfredo, al igual que la ascendencia de muchísimos de nosotros, dejó mucho más que los escasos bienes que poseía. Dejó su presencia en nuestros corazones, en nuestra memoria y eso afortunadamente, ninguna burocracia lo puede enredar.

Gracias, Don Alfredo, donde quiera que esté.

En mi propio caso: sí, lo reconozco, tengo algo así como 9 cajas con papeles personales y de trabajos anteriores, por si hay que aclarar cualquier cosa. Tenía como el doble y en un proceso lento, tortuoso, los he ido eliminando.

Y todavía espero reducir esto a una sola caja, pero es bien difícil. Hubo veces que solicité la opinión de mi esposa y en el 99.9% de los casos me dijo: ¡Mejor guárdalos, no sea la de malas!

Cuando sufrimos en el D.F el temblor del 85, muchos edificios de oficinas se vinieron abajo por el peso de los archivos de documentos.

Estos se perdieron y tal situación justificó que muchísimos de nosotros guardásemos más papeles, por si acaso.

Varios incendios en esa década y en los noventas en diversas oficinas públicas afectaron sus archivos. Aparte de dar a qué pensar, tuvieron el mismo efecto.

Aún cuando hoy en día los CD y los DVD han venido a auxiliar en la guarda de documentos, para muchísimas cosas esas imágenes no son utilizables legalmente.

En fin, tendremos que seguir guardando aquellos papeles que se requieran, por si acaso y tendrán ese común denominador: los guardaremos como defensa en caso de ataque, como tributo a la desconfianza en las instituciones oficiales y en la burocracia, los guardaremos porque cualquiera puede enredar a cualquiera con un poco de poder y un mucho de mala leche.

Yo aparte los guardaré, para que mis hijos, cuando se requiera que revisen mis papeles, se reúnan, lo tiren todo y encuentren otras cosas mucho más valiosas. Por lo menos eso espero.

SI QUIERES QUE ALGO NO FUNCIONE, CREA UN COMITÉ O HAZ UNA CONSULTA POPULAR

Este principio no es privativo de las burocracias, también lo es de la vida política, del gobierno y de cualquier organización.

Generalmente, la participación de los ejecutivos en comités adolece de muchos vicios y en realidad las más de las veces sus miembros, burocráticamente, se presentan a discutir los temas de la agenda sin preparación previa y sin siquiera haber leído los documentos a discutir y deciden sobre asuntos de los que no tienen la menor idea.

Véanse los líos legales y acusaciones que surgen de procesos que fueron aprobados por comités, consejos de administración u otros grupos de poder.

Adicionalmente, las reuniones de comité distraen a los ejecutivos de sus funciones normales y suelen generar cargas adicionales de trabajo, por falta de atención oportuna.

Los comités suelen crearse cuando el ejecutivo que tiene a su cargo las atribuciones para resolver decide buscar la asesoría de un grupo de "expertos" que le apoyen para fundamentar sus decisiones.

En otras ocasiones, las propias leyes, reglamentos y normas formales depositan en comités las facultades ejecutivas o decisorias.

Dentro de las burocracias, obviamente, se abusa de los comités y de las "comisiones", que suelen crear más embrollos en función de que tienen un mayor número de miembros.

Existieron comisiones que hoy son inoperantes y de hecho no sesionan, donde el comité estaba compuesto por unos 30 miembros titulares más otros 30 suplentes, más personal de apoyo, uf.

Los comités toman siempre cierto tiempo para deliberar y decidir, aunque de hecho, si se consulta a un número adecuado de expertos siempre se consigue la decisión que uno quiere.

En una oficina donde se dictaminaban adquisiciones de tecnología, el titular de esa área preguntaba siempre a su jefe si querían que se justificara o no, así de sencillo.

Véase también el oso de hoy en la suprema corte, ajeno totalmente al sentido común y a las propias leyes.

Buscando consultar leyes y reglas sobre comités encontré interminables referencias en Internet, lo que me hizo recordar las épocas de Echeverría en las que, ante cualquier problema, en el discurso, proponía la formación de algún comité o comisión para atender el problema y vaya que nos llenamos de comités inútiles.

Ya en la época actual seguimos teniendo tantos comités y tantas comisiones que es fácil imaginar por qué no logramos calidad, eficiencia y eficacia en la administración pública.

Hoy se intenta incorporar un modelo de empresa privada, se habla de la administración por resultados, pero se crean verdaderos Frankenstein al confundir la naturaleza de las cosas, el origen y la razón de ser de los organismos públicos.

La administración por resultados depende de la posibilidad real de fijar metas basadas en expectativas sustentadas y filtradas además por los factores de riesgo presentes en los procesos.

Para plantear las metas estratégicas y operativas de las entidades públicas, estas debieran tener una autonomía de gestión lógica con respecto al área en la que actúan, lo cual no existe.

Vamos, para jugar béisbol no me visto de futbolista y cargo un balón de básquetbol.

Créanme que es desesperante asistir a las reuniones de los comités directivos, juntas de gobierno, consejos de administración, etc. donde la crema y nata, a veces con leche, de los gurús en la materia del organismo, se reúnen para aprobar que la administración del mismo, realice las gestiones "pertinentes" ante alguna de las dependencias llamadas globalizadoras para autorizar los asuntos presentados al máximo órgano de gobierno, que de máximo tiene auténticamente lo mínimo...

Esto quiere decir que, aunque los expertos hayan llegado a alguna conclusión, corresponderá a algún burócrata de menor nivel, decidir realmente qué si procede y qué no, girar la autorización, o poner los requisitos burocráticos necesarios para autorizar o aprobar el asunto.

Llevar una agenda para discusión de un comité, por otra parte, debe tomar en cuenta la Ley de Parkinson sobre los comités, que señala que el tiempo que un comité dedica a resolver cada asunto de la agenda es inversamente proporcional a su importancia; así los asuntos muy relevantes tomarán pocos minutos de atención, máxime si consideramos que los miembros del comité deberán confiar en las opiniones técnicas, pues ese tipo de asuntos son de los que no tienen ni idea.

Así, conforme se tratan asuntos menos relevantes, la discusión se anima, si incluimos algún tema sobre etiqueta en la oficina, uniformes para los empleados, servicios de cafetería o compra de lápices, seguramente la discusión durará horas.

Razones, sólo una, de las cosas que conocemos sí solemos discutir, de las que no, preferimos ser cautos, por lo menos y aun tomando en cuenta que podríamos aprender algo nuevo, preferimos simplemente darle trámite lo antes posible, aunque existan riesgos y puedan presentarse pérdidas.

Finalmente, los recursos que están en juego en las burocracias, no son los propios de alguno o algunos de los miembros de esos comités, por ello no es un factor que importe demasiado.

Para poder hacer que un comité funcione y aporte a la organización algún valor agregado, sería necesario mantener un esquema de recompensas adecuado a los fines de esos grupos, de tal forma que el esfuerzo, la dedicación, el cuidado de los asuntos que ahí se traten, se vuelva consistente con los resultados esperados.

Desde luego que existen comités excepcionales que pueden mostrar excelentes resultados, pero la mayoría no lo son. Sin querer influenciar a nadie, lanzo el reto de que examinen los comités, comisiones o juntas directivas en las que participan y decidan por ustedes mismos si tal grupo debiera o no de existir, qué valor agregado aporta, que efectividad muestra.

Si es de los excepcionales, enhorabuena, pero si no, por favor, quítenlo de en medio y ahorren tiempo, dinero y esfuerzos.

Fíjense que buscando mejorar este modesto relato se me había ocurrido formar un comité editorial, para seleccionar qué sí publicar, corregir estilo y demás, pero como no se han puesto de acuerdo y ya llevo un retraso de un mes, he decidido disolverlo y en su honor publicar estas notas...

¿TIENES TU COPIA ROSA, DEBIDAMENTE SELLADA Y FIRMADA?

No importa el trámite, debe existir la copia rosa o de perdida amarilla, mejor ambas, pues cientos de miles de trámites en el mundo exigen como parte de los "documentos que se requieren", la copia rosa de alguno de ellos.

A veces ponen también la amarilla, pero eso es para despistar, así que no se confíen. No existe un buen trámite que no exhiba el requerimiento de la copia rosa.

Obviamente, también el sello es parte vital en todo procedimiento.

En los formatos se utiliza mucho el color en las copias, para identificarlas claramente del original y en general se les pone una leyenda de a quién corresponde cada copia.

Pero ¿de dónde surgió la famosa copia rosa? En México, existe la hipótesis que se refiere a la copia de la afiliación al IMSS y era en efecto una copia importantísima en muchísimos trámites del Gobierno.

Ahora ya ha sido superada por el CURP, la credencial para votar y desde luego los trámites por Internet, que son igual de burocráticos y, dependiendo de la velocidad de conexión, igual de lentos en cuanto a sus efectos.

Otros piensan que, como todo lo demás, se lo copiamos a los gringos, que tienen una tradición burocrática mucho más añeja y elaborada que la nuestra.

No exagero al hablar de cientos de miles de trámites con copias rosa (consulten la referencia en Google), lo mismo que el requerimiento de que se sellen los documentos, aunque estos ya se convirtieron en una cadena ininteligible de caracteres y signos raros en los recibos electrónicos.

En un esfuerzo de congruencia y respetando las tradiciones, estos sellos electrónicos debieran crearse con un fondo rosa y con una marca de agua en morado con alguna leyenda inofensiva como "ENTREGADO" O "COTEJADO", para que por lo menos se dé la impresión de seriedad que se necesita para que el ciudadano común confíe en dichos trámites.

Y para esto sugiero se contraten expertos en "usabilidad", en HCI, o si no, pedirle a Gates que incorpore en el Windows 10 una restricción adicional a los miles que tiene, para que estos recibos se hagan siempre en color rosa, simulando una copia.

Pongámonos a pensar que quizá parte de la resistencia de los empleados a operar con los medios electrónicos es que no se deja ninguna atribución al ser humano, vamos, nada de discrecionalidad; ya ni siquiera puede un burócrata hacerle un favor a nadie.

Pero eso sí, aunque los digitalicen, seguirán siendo burócratas.

Igual simularán que conocen muy bien la paquetería administrativa y los programas de cómputo, aunque frecuentemente el resultado será que aprendan a bloquear con algo la aplicación más importante y sólo sepan dar "Ctrl , alt, supr", para recomenzar.

El sabotaje a los sistemas de cómputo es un reto constante para el burócrata. En algún otro espacio mencionaremos algunas formas muy utilizadas.

La multiplicación de formatos en las organizaciones burocráticas explica por sí sola la complejidad de las normas.

Verdaderamente se crea un enjambre de disposiciones que muchas veces son contradictorias entre sí, y otras más se invalidan por falta de un marco preciso de atribuciones y responsabilidades.

En otras ocasiones dos o más autoridades tienen que ver con el asunto desde enfoques totalmente distintos, que crean más y más inseguridad en la toma de decisiones y cierta carencia de certeza jurídica en los actos públicos.

De aquí es fácil deducir que se crean "expertos" en estos procesos complejos que pueden tardar meses en dar sus opiniones, en perjuicio de un ejercicio sano de la administración.

De aquí se puede deducir también la lentitud para tomar decisiones y más cuando se tienen instancias burocratizadas con rigidez suficiente en su percepción de la administración, para que generen el daño.

Es muy triste ver que en el órgano máximo de autoridad de las instituciones gubernamentales (sus juntas directivas o consejos de administración), donde se nombran personas de alto nivel, de prestigio reconocido, se ventilan solicitudes de autorización para tramitar ante las "super dependencias", asuntos administrativos que suelen entonces resolverse burocráticamente en niveles bajos de dichas dependencias, después de algunos meses claro y sin considerar el desarrollo sano de las entidades.

Jamás lograremos eficiencia y eficacia con marcos tan restrictivos y que llegan a tales absurdos.

NAVIDAD, NAVIDAD, UY LA NAVIDAD. LA FIESTA DE FIN DE AÑO

La verdad a mi si me pareció bien que organizaran la fiesta de fin de año con baile y todo, comentaba Jacinto Peláez con Juan Nepomuceno Malpica, quien, aunque parezca contradictorio tenía fama de ser todo un galán.

Se les unió en el corrillo José Guadalupe Do-Santos, el parrandero del grupo y Socorrito, la Secretaria del Licenciado Cándido Inocencio de la Reguera, Subdirector de trámites de la dependencia.

Luego luego Juan Nepomuceno verificó con Socorrito si iría a la fiesta Zoila Pucha de Godínez quien era auxiliar en el departamento de contabilidad que dirigía Sóstenes Partida Partida (si, Partida doble) y es que Zoila había dejado a todos mudos en la fiesta del otro año, cuando llegó con un vestido rojo fuego, ajustadísimo, dejando ver todo lo que se tenía que ver.

Con un ambiente realmente festivo, Zoila acabó con el cuadro, o debiéramos decir los cuadros, porque todos los directores andaban tras sus huesos, aunque el "ganón" a final de cuentas fue Juan Nepomuceno, ya que no pudo decirle que no cuando coquetamente se acercó y le dijo: Lic. Malpica, verdad que usted me va a llevar a casa aunque se me pasen un poquito los brindis.

Qué podía hacer Malpica; sólo lo obvio, se dedicó a brindar y brindar con Zoila y luego a bailar de todo, sobre todo las lentas; qué ambientazo de verdad; mucho mejor que el del día de la secretaria.

Pues bien, dejando el pasado en el olvido, para este año la fiesta sería de coperacha, era cambio de gobierno y según esto ya no había presupuesto.

Entonces tocaba moche parejo para invitar a los jefes y a los altos funcionarios de la dependencia.

La medida no cayó nada bien, porque todos los años la fiesta de fin de año era de gorra para los empleados; incluso se compraban buenos regalos que se rifaban entre todos los asistentes: Televisores, estéreos, DVDs, microondas y así por el estilo un montón de obsequios.

Este año sólo alcanzaría para cinco, para variar todos productos chinos y entre tanta gente, me cae que cualquiera se desmotiva.

Siquiera el "bailacho" atenuaría un poco los malos humores que ya existían en toda la subdirección desde los recientes cambios de funcionarios, que apenas se habían dado en octubre y donde habían sacado a Narciso el "chicho" Zebadúa, que llevaba en la dependencia más de 20 años y era el que de verdad sabía y sacaba adelante las cosas.

Le dijeron que se necesitaba sangre nueva, nada de administradores obsoletos, nada de los procedimientos del pasado; cero ideas retrógradas.

Se necesitaba evolucionar hacia la modernidad, aunque los que llegaron resultaron más burócratas y retrógradas que Zebadúa, con quien por lo menos ya se habían acoplado.

El chicho Zebadúa había logrado una buena eficiencia en los servicios a la población y recibió varias veces distinciones y premios por sus aportaciones, incluso una vez el propio presidente le entregó un diploma que a la mejor ahora podrá vender como souvenir para tratar de sobrevivir.

Pero bueno, volviendo a la fiesta de fin de año, llegó el ansiado día; todas las mujeres llegaron irreconocibles, oliendo a perfume que mareaba y los compañeros, pues igual.

Esto me recordó cuando en la secundaria, que era en ese entonces separada niños con niños y niñas con niñas, nos reunían a todos con el pretexto de tener pláticas de orientación o conferencias de muy diversos temas.

Chicos y chicas hacían cola ante el espejo para lucir bien. Así ahora, pareciera que nadie en la oficina estuviera casado; todos hacían planes fantasiosos unos contra otras y otras contra unos y caray, lo que es la evolución, también unos contra otros y unas contra otras.

Ya para eso de las dos de la tarde todo mundo estaba listo para comenzar la fiesta, todo mundo estaba cerrando sus escritorios cuando, de repente, llegó la terrible noticia.

Se necesitaba una información urgente de esas que los altos funcionarios piden para poderla ver una o dos semanas después, un bomberazo, así que el licenciado Cándido de la Reguera les dio a escoger:

Podían ir a la fiesta, pero acabando de comer tenían que regresar a trabajar para entregar esa información, o bien le echaban ganas en ese momento e igual se podrían ir en un par de horas.

La medida no aplicaba para todos. Contabilidad, Nóminas y los demás departamentos se podrían quedar en la fiesta, pero la Subdirección de Trámites tenía que responder al bomberazo.

Juan Nepomuceno Malpica se despidió con tristeza de Zoila, que ahora se había puesto un vestido morado, pareciera que igual era el rojo del año pasado pero teñido.

Así, morado, se quedó Juan, rumiando del coraje.

Todo esto cayó como balde de agua fría con todos los de la subdirección; no faltó quien mentara madres y ninguna de las opciones de Cándido les gustó, porque en ambas el resultado era el mismo: les jodieron la fiesta.

Esa Navidad ya no sería lo mismo; vamos, ni Santa Claus hubiera podido atenuar la frustración.

COROLARIO

Repasaba mentalmente el célebre poema de Amado Nervo, "En Paz", e independientemente de convencerme una vez más de la perfección de sus estrofas, de cada palabra, de cada coma, medité un largo rato sobre la implacable realidad que con destreza exhibe.

De esos pensamientos, resonando en mi conciencia como ecos del pasado, como voces del presente y como dulces sonidos del mañana, se derivaron en torrente un sinfín de nuevos pensamientos.

Y aparecen las visiones del recuerdo perfeccionado por la imaginación e ilusiones imperfectas, no formadas todavía, del mañana que siempre llega.

Fácilmente decide uno sembrar rosales y no vientos ni rencores, fácilmente buscamos las noches serenas y deseamos fervientemente extraer de esta vida lo mejor para nosotros mismos y también, por qué no, para los demás.

Le damos importancia al amor y a ser amados y empezamos a repasar los obstáculos que nos imponemos artificialmente para hacernos la vida complicada. La era de la burocracia sigue su curso.

Los relatos y reflexiones que han leído son una representación además de irreverente, nostálgica.

A lo largo de 53 años de trabajo y de tener múltiples contactos con ella (la burocracia) estos textos sólo plantean, quizá con algo de exageración, situaciones que se nos presentan en esos contactos.

Aclaro que la burocracia existe en todas las organizaciones; nos afecta más la del gobierno, pero en las empresas también nos topamos con situaciones similares. Pareciera que el ser humano nació para ser burócrata y los rebeldes que no lo son tarde que temprano asimilan esos comportamientos.

Uno no se convierte en burócrata por la interacción con los especímenes que la practican.

Si te vuelves burócrata en mayor o menor grado y cuando haces conciencia del daño que te hace, te empiezas a convertir en un burócrata renegado.

Gracias a todas las personas que me acompañaron durante estos años. Espero verlos en el futuro ya sin burocracias.

Por eso deseo que estas historias, anécdotas y reflexiones ilustren algunos de los fenómenos tortuosos que se dan en la burocracia, que vivimos en carne propia, que provocan toda esta involución y justifican porque estamos hartos de los gobiernos y empresas que la practican.

SERGIO ENRIQUE BOURGES RODRÍGUEZ.

www.ingramcontent.com/pod-product-compliance
Lightning Source LLC
Chambersburg PA
CBHW031619210526
45464CB00004B/1646